攻与谋

复杂销售技巧与案例

张晓群 ◎ 著

企业管理出版社
ENTERPRISE MANAGEMENT PUBLISHING HOUSE

图书在版编目（CIP）数据

攻与谋：复杂销售技巧与案例/张晓群著. — 北京：企业管理出版社, 2016.6
　ISBN 978-7-5164-1280-0

Ⅰ.①攻… Ⅱ.①张… Ⅲ.①销售-方法 Ⅳ.①F713.3

中国版本图书馆CIP数据核字(2016)第113033号

书　　名：	攻与谋：复杂销售技巧与案例
作　　者：	张晓群
责任编辑：	周灵均
书　　号：	ISBN 978-7-5164-1280-0
出版发行：	企业管理出版社
地　　址：	北京市海淀区紫竹院南路17号　　邮编：100048
网　　址：	http://www.emph.com
电　　话：	总编室（010）68701719　　发行部（010）68701073
	编辑部（010）68456991
电子信箱：	emph003@sina.cn
印　　刷：	北京大运河印刷有限责任公司
经　　销：	新华书店
规　　格：	170毫米×240毫米　16开本　15印张　183千字
版　　次：	2016年6月第1版　2016年6月第1次印刷
定　　价：	49.00元

版权所有　翻印必究·印装有误　负责调换

前　言

销售人员的工作就是，直接和消费者或者客户洽谈，影响进而说服对方购买自己的产品。

有的销售人员的工作相对简单些，比如商场中的导购员，他们平心静气地守在商场中，见有消费者前来即热情接待，说明所销售的服装或者家具或者电器；来商店买东西的一般也就是消费者一人，也可能会是夫妻两人一起来，很少超过三人的，导购员只需针对这一两位消费者进行说服即可。但有的销售人员的工作就较为复杂，比如向企业客户销售原材料、软件、设备，让商场、超市采购自己的食品、服装，向公司客户推销技术方案，等等。这需要销售人员主动寻找客户，继而产品展示和客户说服也更加复杂，更因为客户中影响这笔采购的会是一系列的人员，所以销售人员必须起码说服其中大部分才行，有时还必须介入客户内部的纠葛。这后一种销售也称为复杂销售，或客户推销；这方面的销售人员一般被称为销售代表、业务代表，他们从事的工作比较复杂，承受的压力比较大，当然收入也较高。

本书的内容，是围绕后一种销售人员展开的。希望能给销售代表朋友们一个清晰的工作思路，一份操作性的攻略。

本书想走一条中间道路：像教科书那样能给销售代表朋友们尽量多而且系统的销售知识，但不要理论化、原则化那些大而空的东西；像销售小说、销售帖子那样给大家鲜活而且实战性强的经验教训分享，但知识要系统有条理，而且去除那些与销售无关的故事内容。

销售代表的工作，不存在"小李飞刀，一刀致命"那样的制胜法宝，指望"一招鲜，吃遍天"，这种想法幼稚而且有害。完成一单复杂销售就像制作一件家具，是个复杂的活，复杂的工作头绪就多，只有把方方面面的事情都做到位了，成功的可能性才大。

作为一份"攻略"，本书的内容是按照销售代表工作的先后顺序展开的，从开始时的"知己知彼，百战不殆"，到最后的"买卖已成，仁义常在"，我们循序渐进，然后使命达成。

目 录

第一章 准备

1 准备好情商 ………………………………………… 1
2 速成为专家 ………………………………………… 6
3 确定客户方向，搜寻客户名单 …………………… 13

第二章 初见

1 第一次约见：打电话 ……………………………… 19
2 第一次约见：研讨交流会 ………………………… 27
3 摸透客户 …………………………………………… 31
4 出门见客时带什么、穿什么 ……………………… 38
5 刚一见面的得体举止 ……………………………… 41
6 闲聊 ………………………………………………… 46
7 介绍公司，凸显实力 ……………………………… 50

第三章 问需求

1 SPIN 提问法 ……………………………………… 55

2 详细了解需求 …………………………………… 64
  3 启发客户感受到问题和需求 …………………… 74
  4 帮客户确定采购标准 …………………………… 81

第四章　说产品

  1 阐释产品的两个基本角度 ……………………… 85
  2 阐释产品的三个方法 …………………………… 90
  3 阐释产品的第四个方法：演示会 ……………… 97
  4 提升说服力的办法 ……………………………… 112

第五章　巩固与深化

  1 化解客户的异议 ………………………………… 123
  2 凸显竞争优势 …………………………………… 128
  3 报价的艺术 ……………………………………… 138

第六章　处理好三角关系

  1 不要一个人去战斗 ……………………………… 147
  2 请高管出马 ……………………………………… 152
  3 带客户来公司看看 ……………………………… 157
  4 带客户到"样板房"转转 ……………………… 160
  5 在客户内部培养"自己人" …………………… 164
  6 顺藤摸瓜 ………………………………………… 168
  7 摆平各路神仙 …………………………………… 172
  8 拿下决定者 ……………………………………… 178
  9 看人下菜碟 ……………………………………… 185

10　击败竞争者 …………………………………… 188

第七章　做客情

　　1　无成本做客情的四种方法 ……………………… 195
　　2　做客情的四种忌讳 ……………………………… 203
　　3　礼轻情意重 ……………………………………… 206
　　4　帮忙 ……………………………………………… 209

第八章　签合同

　　1　提出签约要求前应明白的几件事 ……………… 213
　　2　提出签约要求的技巧 …………………………… 217
　　3　速签合同 ………………………………………… 222
　　4　签合同以后 ……………………………………… 224

参考文献 …………………………………………………… 229

第一章　准备

在开始推销之前，销售代表要在情商上、产品知识上做好准备，把自己武装起来；然后开始搜寻、收集客户名单。

1　准备好情商

★**销售代表干得好，能有种种收获。**

先说物质方面。

销售代表们面对的客户都是公司、学校、机关等，采购金额一般几十万、几百万乃至更多；如果一单采购才几千元，也就不值得销售代表们出门忙活了。这样的采购额，只要有百分之三、百分之五的提成，就很可观了。戴尔电脑的很多销售代表，一个季度的收入可以买一台奥迪。很多做得好的销售代表后来都是利用手上的客户资源，自己开公司，有了一盘自己的生意。

不仅收入高，而且升职前景好。很多家电、饮料之类的销售代表，新到一个城市做"拓荒牛"，一个商场一个商场地跑，两三年下来搞定了一批超市、商场，自己就成了这个城市乃至这个地区的分公司经理。比如格力的董明珠最早就是业务代表，因为业绩突出提升为江苏安徽片区业务经理，然后还是因为业绩突出，升为负责全国销售的副总经理，最后是总裁、董事长。董明珠绝非孤例，美国的一项统计表明，各公司 CEO 中，销售出身的比例最多，占 28.4%；其次是财务出身的，占 25.6%；生产管理出身的，占 21.3%。

销售是一个公司的生命线。火车跑得快，全靠车头带，销售就是公司的火车头。销售代表们了解市场、了解客户需求、了解自己公司和竞争对手的优劣势对比，一旦他们手中握有公司的权力，就会把公司所有工作指向销售。老板们正是看中了这一点，倾向提拔出色的销售代表进入公司高层。美国贝尔大西洋公司的董事会选定业务员出身的里克·康拉德出任 CEO，他上台后做的第一件事就是大量增加零售点，因为他在销售第一线多年，深深感到自己公司在这方面吃了太多亏。

所以，如果你没有一个官爸爸、富爸爸，没有人脉、没有资本、没有高学历，却志存高远，对财富充满渴望，那么销售真的是一个能助你实现人生价值的选项，这方面有太多的成功例子。

销售这份职业不仅能给你提供物质上的满足，还能给你带来精神上的愉悦。

销售能满足成就感。很多工作的成绩不易相互比较，即使你干得很好也不容易显现出来。但销售业绩最易衡量，大部分公司都会在销售部的正面墙上贴一张柱状图，一个月贴一次，谁高谁低一目了然。很多销售代表即使提成不错了，也要继续努力，就为争一口气。所以，对于那些企图快速超越平凡的朋友，销售代表是个好选择。

销售能满足自主性。大多数工作都有一套既定程序，要服从领导的指挥安排，很多人能接受这些，安之若素。但也有人，凡事有自己的想法，喜欢独立自主地做事情，销售就适合这些人。销售代表有权确定自己的日程表，确定什么时候、花多少时间、去见什么客户、见了客户说什么。决定自己做，后果自己担，成果自己享，这就是自主性。

销售能使你的生活丰富多彩。大多数的工作是程序化的，日复一日、年复一年地重复，把乐趣都消磨掉了，而充满挑战性的销售就不会有这个问题，有担心、有焦虑、有兴奋、有刺激，就是不会有沉闷。每一单生意都是不同的，你要不断地面对各种性格、各种想法、各种职位的人，要面对层出不穷的各种问题。每说服一个人、每解决一个问题，既获得了收入，又丰富了人生。一位曾经的思科销售代表老晖在他纪实著作《思科九年》中说：" 直到现在，我才意识到销售这个工作对我有点吸引力的原因，那就是人——一个个形态迥异、内涵深远的人，和他们打交道，让你感觉好像放大了自己时间的容量。"人生要成果，更要过程，只要你在销售中把心态放平和一些，就能看到很多人生的风景。

★以上是我们做销售代表的种种好处，我们把销售代表这份工作说成了一个大美女。但要抱得美人归，是要有真本事的，美女的要求都是很高的。销售代表其实是个高投入、高收益的职业，这里的投入不是资金上的，也不是长期的知识学习，而主要是在情商方面的高投入。

销售代表成功的因素，情商占60%，智商占20%，运气占20%。

销售是开拓性的工作，充满不确定性。当你和一位客户开始谈生意时，上帝也不知道对方会不会愿意购买。可能一个星期接连失败而无一成功，也可能你为一单生意忙了几个月最终还是失败，这些就是对销售代表的最大考验。人是有自尊心、讲面子的，被多次拒绝心中一定满是苦涩；而且如果一连几个月收获很少，即使公司仍然让你做，你自己都很可能会怀疑动摇。

因此，在你选择销售代表工作时，要把这个问题好好想清楚，好好审视自己：第一，是不是对财富充满渴望？是不是对成功充满激情？第二，自己有没有坚韧的性格、乐观的精神？如果答案并不是十分确定，那么很可能选择别的工作更好一些；即使勉强去做，结果也不会好。每种职业都需要特定的能力、素质和个性，而销售代表第一需要的，就是这种渴望和激情，这种坚韧和乐观。

首先，渴望和激情，会使你自觉工作，而自觉工作是销售代表成功的必要条件。客户要自己去联系、自己去说服，一周见多少客户、工作怎么切入，你的上司管不了你什么，也帮不了你什么，全凭自觉。如果愿意你可以每天给自己安排做不完的事情，如果不愿意你也可以天天偷懒。可以说销售代表是自己的老板，自己决定工作负荷，当然也决定业绩的高低成败。一位非洲的长跑名将回忆自己少年时的故事，他说道，那时每天下午在山上练长跑，起跑时确定好远方一颗大树做目标，然后无论如何都要跑到那颗树下，再折返回来。没人要求他这样练，这就是他的自我要求、自我坚持，因为他发现成为长跑运动员是摆脱贫穷生活的唯一出路。类似的，有的销售代表给自己规定：每天上午必须打50个陌生电话，而且做到了，于是积累起一个很大的客户名单；但也有不少销售代表坚持不下来，结果连潜在客户都不多。还有不少销售代表到了周五下午就不出门了，理由（借口）是那时的客户们都没心思工作了，找他们谈也没用。客户不管有没有心思工作，但还是坐在办公室的，这时销售代表们完全可以带点小礼物上门，聊聊有趣的事，做做客情，然后顺便谈谈产品、问问对方现在的想法。

其次，坚韧和乐观，会让你保持工作的持久性，而持久性是销售代表的另一项基本功。不要指望见了客户谈一两次就能签下订单，你可能约谈了四五次还没什么眉目，也可能持续了两个多月，对方总是说：还没定，还在研究。这时，你能做的只是：耐住性子，继续谈，继续努力。一个单子动辄几万、几十万，客户当然要慎重考虑，所以持续反复的见面是销售成功的一个必要条件。订单越大，对销售代表持久力的要求就越高。

讲个真实的故事。克鲁伊夫是20世纪70年代世界最著名的足球明星，是众多女性心仪追求的对象，他自己的眼睛也早就挑花了。这天，他收到了一个包装精美的小包裹，里面是一个厚厚的日记本，克鲁伊夫随意翻开，发现每一页都只有他自己的亲笔签名——克鲁伊夫，直到数过自己 100 次签名后，才在最后一页看到一段文字："……我已经亲眼看过你踢的 100 场球了，每次都要到了你的签名，我多么幸运啊！对于拥有无数崇拜者的你来说，我是微不足道的一个，但我敢说，我是膜拜得最炽热、最虔诚的一个，我多么希望你对我已经有一点印象。……从你 17 岁出现在赛场上开始，这本爱的日记我足足用去了 4 年的时光。现在，爱神终于驱使我寄出了这个本子。"这是一封名叫丹妮的姑娘的情书！字里行间流露出的真挚感情，深深打动了 21 岁的世界明星。他们开始约会，然后结婚。这是一个精诚所至、金石为开的故事；当然，销售代表们不至于用 4 年时间搞定一个单子，但用半年多忙活一个客户的事比比皆是。

再次，渴望与激情、坚韧与乐观，能让你承受住各种困难挫折，永不放弃，这更是销售成功的必要元素。无论项目遇到怎样的挫折，都不要气馁、不要抱怨、不要放弃，而是要反思反省、不断改善。商场上的竞争有时非常激烈，竞争各方的产品、价格、服务、方案其实相差无几，大家你争我夺，有时我方占一点上风，有时对方占一点上风，各展其能，各种资源手段都会用上。销售代表们必须咬牙挺住，就像打仗一样，如果有枪有炮，就用枪用炮，枪炮打没了，就用刺刀，刺刀断了，就用拳头抡、用脚踢，不能放弃任何胜利的机会。

最后，能否承受拒绝，是对销售代表的最大考验，是好销售和差销售的分水岭。很多销售代表进客户办公室时春风满面、谦恭有礼；一旦被拒绝，立刻拉下一张青萝卜脸，呼吸不匀，嗓门变粗，甚至不能维持起码的礼貌，摔门而去。的确，每一次客户的拒绝都是对销售代表情绪的一次冲击，即使身经百战的老销售也不能避免。我们能做的，只能是尽力化解它。我们应该了解，客户拒绝一定是有原因的：或者是产品有某种不足，或者是产品不适合这位客户的需求,或者是客户目前还不需要;也可能是客户已经选定了另一家产品;还可能是他觉得你表达夸张不可信,或者觉得你言语沉闷让他没什么情绪。想明白原因,负面情绪会缓解很多。然后,有什么不足就改进什么,继续战斗。也可以用用阿Q的心理疗法:这么好的东西不买,你真是不识货,真为你可惜啊。

总之,在做销售代表之前,在情商方面评估一下自己:我对成功和财富的渴望强不强?有坚韧和乐观的精神吗?能自觉、持久地见客户吗?能承受拒绝吗?如果答案是肯定的,你已成功了60%了。

对于太多人来说,既没有有钱有势的老爹可以拿来拼,也没能考上名牌大学掌握高新科技,他们能拥有的最大资源,就是斗志、拼劲、情商,而这些恰恰是做销售最需要的。

有很多励志的书、励志的电影小说,还有很多成功学的书、讲座,销售代表都可以去看、去听,在这60%的方面加强自己,让自己变得更热血、更坚强。但我们也应该明白,光靠斗志是不能成功的,业务代表不仅要有一腔热血,还要会动脑筋,销售是要讲技巧、动心思的,这就是那20%智商的部分,也是本书的主旨。本书的目的是:尽量帮助你提高销售的技能水平,告诉你在销售代表工作的每个阶段、每个环节,应该怎么去做。

2 速成为专家

★ 很多销售代表朋友刚刚开始新工作,心情激动,满怀憧憬,基础还没打好,产品还不是很了解,就兴冲冲地出门了,见了客户,就会出现以下状况。

一位财务软件的销售代表见到了某公司财务经理。

销售代表：赵经理好，我是银蝶软件公司的小钱，昨天和您通过电话。

赵经理：哦，知道，让我看看你们的资料。

销售代表：这是最新的产品说明书，这个最新推出的软件在四个方面做了升级，应该对你们很有价值。

赵经理认真地一页一页地看说明书，然后抬头问道：你们的现金流量表是怎么出来的？

销售代表愣了一下，马上反应过来：我们有这个功能，按照菜单执行就行了。

赵经理打量打量眼前的小伙子：我的意思是从哪里取数。

销售代表有点懵，仔细回忆了一下软件功能，还是有些模糊，只好说：我们有个报表生成器，可以自己设计。

赵经理把说明书往桌上一扔，沉声道：你是新来的吧？

销售代表赶紧说：来了一段时间了。

赵经理的胖脸上布满疑问：那我再问你，你们应收款管理中，有没有和销售考核挂钩的接口？

销售代表更晕了：应该、应该有吧。

赵经理：那是怎么核算的，你能详细说说吗？

这位业代反应很快：赵经理，您看您什么时候有时间，我请我们的技术人员来给您演示一下。

赵经理不客气了：那你干什么来了？

销售代表脸红了，支支吾吾地说：不好意思，赵经理，我确实是刚来不久，不是很熟。

赵经理真生气了，觉得简直是浪费时间：产品不熟也敢出来做销售，你们公司还真是什么人都敢用，行了，你可以走了。

这个对话说明：产品不熟就出去见客户，就好比衣衫不整就去赴国宴，那是要被哄出来的。看过一个段子：一位沙漠地区的小伙子到一家餐厅做伙计，客人问："你这里有什么鱼啊？"小伙子回答："水里游的鱼。"客人被气乐了："有树上的鱼吗？"小伙子认真地回答："那我到里面问问。"

以上的错误在销售代表中屡见不鲜，下面看看销售代表的正面形象。

一位销售代表在向一位健身房老板介绍自己厂家新推出的跑步机。

老板：现在那么多跑步机可选，你要给我一个买这款的理由啊。

销售代表：花钱来健身房的，都是那些真爱运动、长期运动的人，我们公司针对他们仔细研究，才推出这款。

老板：你们研究出来的是什么东西？

销售代表：一句话：避免运动损伤。长期在水泥路上跑步，膝盖和脚部最容易酸痛磨损。不论是早晨跑还是晚上跑，公园里跑还是湖边跑，基本上都是在水泥路上，水泥路是硬的，所以你看那些长期跑步的人都带着护膝，还要穿专门的跑步鞋，那都是要保护自己。但只要路面是硬的，护膝跑鞋的保护作用都有限。我们这个新款，就是要解决这个关键问题，我们要让朋友们在柔韧而有弹性的平台上跑步！

老板：有点意思。你们是怎么做到的？

销售代表：别的跑步机的跑台都是单层的，我们的是双层跑台。两层跑台之间，我们加入了减震气囊和减震硅胶垫。来，看这里。还有，我们的跑板也是用的弹性纤维跑板。

老板：嗯，看着还不错，它们的质量怎么样？

销售代表：这个您尽管放心，减震气囊用的是德国汽车安全气囊的材料，减震垫用的是高分子活性防老化硅胶，跑板用的是 MDF 材质高密度弹性纤维。

老板：听你说的像那么回事，你这款看着是比别的款质量好些。用起来方便吗？

销售代表：来，看操作表盘，看着是不是像"爱疯6"？人机互动，界面简洁，触摸屏，最醒目的就是速度键和模式键，用起来十分方便。可是，您知道，方便不等于简单，我们这款的功能可是蛮强大。您看，手柄感应式的心率检测仪，它会根据您的心率，智能调解速度和角度，达到最佳值，这是现在所有跑步机中最先进的；而且，如果来的是一位跑步高手，他可以把角度调到45度，那就不是在跑步，而是在登山了，这个角度也是现在所有跑步机中最大的。

老板：售后服务怎样？

销售代表：您知道，我们是"中国体育用品20强"企业，在全国有1000多家维修部。每一台产品都有一个保修号码，凭这个号码，全国联保，终身保修。在我们济南就有4家维修部，您看，这是它们的地址电话。

老板：要买的话，我这个健身房也不会只买这一款，你还有什么款式？

销售代表：我们的品种很齐全，我觉得您可以再采购一些机械式的，主要给中年人使用；这款红白色小巧型的，适合美女；多功能跑步机也应该买一些，有的小伙子玩兴奋了，可以让他们在上面又是划船又是旋腰。

老板：听你说着倒是不错，但你可不要说的是一回事，用起来又是另一回事。

销售代表：您尽管放心，我们的质量是通过了欧标CE认证和德国GMC质量体系认证的；在国内也是名声在外，淘宝销售的所有跑步机中，我们是连续五年销量第一。

老板：这样，我再考虑两天，你后天给我打电话。

在以上对话中销售代表从各个方面介绍了自己的产品，客户问得仔细，销售代表答得全面。这些问题大致有以下几个方面，而销售代表在走上工作岗位之前，正是要从这几方面做好准备。

★要充分熟悉自己的产品，自己的公司。

第一，什么导致了这款产品的开发？在空调房里，湿度只有正常值的三分之一，人体感到十分不适，所以我们开发了加湿器，它是使用超声波技术把水汽均匀散播到空中。跑步者的膝盖和脚部最易受损，这款跑步机使用双层跑台加上减震垫和气囊就是为了在这方面保护他们。

第二，产品是由什么材料制成的？材料越好质量越高。这双皮鞋是用头层水牛皮做的，这副皮带是用鳄鱼皮做的，这张办公桌是用夹板而不是三合板做的。

第三，产品是怎样制造出来的？我们汽车的外壳是一次性冲压出来的，所以你看正面和侧面完全是一个无缝整体。我们这款汽车的内饰都是手工打造的。

第四，产品的用途是什么？这款多功能跑步机，使用者不仅可以用来跑步，还可以调成划船模式和旋腰模式。这款打印机，其实还有传真和复印功能。这一款，是我们目前最高端的打印机，一天八小时可以打印14万页，还可以自动打印收信人地址，后面还附加了裁纸机和装封机，所以打印账单、折叠账单、装入信封、打印地址一气呵成，现在已经有包括北京、上海在内的六十几个城市的电信局都在使用这款打印机。

第五，产品如何使用？这款跑步机用触摸式液晶屏操作，十分方便；这款锄草机不再像以前那样拉绳式发动，而是按一下按钮即可。

第六，本产品和同类产品相比有何特点？这款瓷器的最大特点是轻薄，你随便拿旁边一个杯子和这款比一比，差别很明显。这款跑步机的马达是我国台湾地区著名的中阳公司出品，震动值小于0.5mm/s，这是现在跑步机中最低水平。

第七，产品线的深度和广度如何？不同的客户会有不同的需求，要向客户介绍有哪些不同尺寸、容量、功能的具体品种？

第八，支付方式如何？保险条款如何？装运方式如何？售后服务如何？几年的保修期，是不是全国联保？本市有哪几个维修点，服务响应的速度多快？

第九，权威机构的认可度如何？ISO9000 的认证、欧标 CE 认证、中国质量机构的认证、著名研究机构、著名大学的认证，这些都是有力的武器。

第十，公司的过往成就和历史如何？最好成就辉煌、历史悠久，不行的话那就成就突出、历史较长。具体情况简要说明，这都是论据。

出门见客户前，先做好这几方面准备。准备得越充分，说服客户的可能性越大，所谓"战前多流汗，战时少流血"。

★ 怎么准备？

看产品说明书不就行了吗？当然不行，那是给客户看的。客户是学生，对这个产品基本上不懂；你是行家，是专家，是老师。要给学生一杯水，自己就要有一桶水。要熟悉产品的结构，三星 CEO 李健熙能把很多三星的产品亲手拆开再组装起来，销售代表也应该做到这个程度，华为就是这样要求销售代表的，新招进的销售代表都要到车间里拆装报废的数字交换机，直到他们对这些原本充满神秘感的高科技设备了如指掌为止。要熟悉产品的原理，公司产品培训时仔细听，听完有不明白的，自己再找书看，或者向工程师们请教。销售代表们先不要急着请客户吃饭，先花些时间向工程师学习。

自己试用产品。在跑步机上跑跑，感受一下拉杆式手柄和旋转式手柄有什么区别，看看要推销的设备上有几排端口，客户的技术员们可是很在乎这个。用要推销的果汁机先自己榨榨各种水果，如果你用着用着自己都喜欢上了，那销售时状态一定很好。听听消费者的意见，亲戚朋友有用榨汁机的，问问他们的体会。到自己公司的生产线仔细看看，看看技术工人们是怎样用一双双巧手、使用一件件工具，把产品做出来的。

找几件市场常见的竞争对手的产品，用一用，琢磨琢磨，对比对比。预先想清楚：怎样攻击对手的短处，淡化对手的长处；怎样对自己的长处"浓妆艳抹"，对自己的短处巧加掩饰。虽然你是处心积虑、机关算尽，但说出的话必须要专业客观。没有人能避免竞争，充分准备、运筹帷幄才是正道。

夏凯在《孤独求buy》中写到一位销售代表，家境不算好，肯下功夫。在岗前培训的一个月里，每天比别人多学两个小时，每天多学五个功能。别人上完课后玩空档接龙、扫地雷，他在看产品手册；别人在闲聊、吹牛八卦，他在电脑上熟悉产品；别人一下班就回去了，他再留一两个小时，琢磨产品。培训结束了，他成为这批销售代表中对产品最熟悉的一个，出门见客后也是最早打开局面的一个。

在正式出门展开销售前，先熟悉产品和公司，速成为一个专家，这是销售代表工作的第一个环节。这个环节有点像职业运动员赛季前的体能储备，这一个月的体能训练直接决定整个赛季的体能状况。要知道，一旦开始了销售，没有更多时间能使你静下心来学习研究了。心一旦"变野"了，想收回来就太难了。看到很多岗位上的人转到销售，做得也不错；但没有见几个销售转到其他岗位。销售代表们经常开玩笑说：一个"好人"学"坏"是容易的，"坏人"学"好"可就难了。

对产品越是熟悉，胜算就越高。一间健身房的老板当然想看清楚这款跑步机的优越之处，一座大厦的业主也要选择好究竟用哪一家的中央空调，一个模具公司的老总会很想知道这款物料管理软件到底能不能大幅度提高物料的使用效率。这些都是复杂的产品，老总们虽然表面不动声色，但心中是一片茫然而又满怀期待；这时，销售代表针对老总们的疑惑，解释得越明白，胜算就越高。

你讲得越专业，客户的眼光中就越多尊敬，你心中的自信也会水涨船高。

每天，你穿得整整齐齐，体体面面地出门，满腹经纶，见了客户你苦口婆心、深入浅出地从产品的 ABC 开始教导他们、启发他们。现在，即使东西还没有卖掉，合同还没有签，但你是在传道、授业、解惑，你已经找到了为人师表的感觉，不是很有价值感？本来开始出门时还有些紧张，现在不仅不紧张了，甚至还有些期待出门见客户了。所以说用专业知识换取客户的尊重是销售代表的上佳选择，缺乏专业知识的所谓关系型销售代表是很辛苦的，他们要付出比专业知识强的销售代表多几倍的力气，但是业绩却未必好；因为专业知识至少可以为你带来 70% 的销售机会或者销售推进的机会，对于这些机会关系型的销售代表都错过了。

3　确定客户方向，搜寻客户名单

★首先是确定主攻方向。

一个猎人，在家里已经把自己武装到了牙齿，是出门打猎的时候了。可是周边有十几座山，去哪一座？这两天打打西边的王子山，看看没什么收获，下礼拜转到东边的蛤蟆山，下个月又潜入南边的天柱山，这种打法效率不可能高。有头脑的猎人会先做一些探索研究，然后确定一两座山作为主攻方向。

戴尔电脑 1998 年进入中国，当时制定的销售策略是：集团客户为主，家庭个人客户为辅。集团客户的电脑需求情况符合二八原则：数量只占 20% 的大客户们，需求的数量则占到 80%；这些大客户基本上出自金融业、邮电业、政府、大型制造业和教育行业，分布在四五十个较大型城市中。它们，就是戴尔中国第一批销售代表们的主攻方向。

一位管理软件的销售代表来到湖北省开展业务，经过一番研究分析，锁定这个省的钢铁企业作为主攻方向。因为那些年钢铁行业十分火爆，湖北省传统上就是钢铁大省，而且还是铁粉主产区，现在更是发展迅猛。不仅很多中小企业纷纷扩建上项目，还有很多外地集团也到天门投资设厂。这位销售代表咬定了这个方向不松口，一做就是四年多，收获甚丰。

所以，销售代表们在出门找客户之前，必须要有一个主攻方向。它可能是一个地区，也可能是一个行业，一种规模。这种做法的好处是：销售代表可以聚焦于一个特定的客户群，可以集中精力收集它的各方面资料，琢磨这个行业或地区，摸深摸透，了解它的特点趋势。销售代表可以针对这个行业或地区，精心准备一套适用于这个行业或地区的各个公司的推荐产品和说辞。销售代表可以深入这个行业或地区，深入到它的圈子中去。社会就是由一个个圈子组成的，这个圈子或者是多家公司，或者是多家学校，或者是多家医院，它们之间有着千丝万缕的联系，它们的老板或者校长或者院长经常在一起开会，甚至常去同一间会所、同一家高尔夫球会，销售代表进去不久就会有一通百通的感觉。

一句话：有了主攻方向，销售效率会几倍、几十倍地提高。

选择方向时，要从以下几个角度考虑。

首先，最重要的，这个方向的客户是否对我们的产品有较大的需求，并且有资金购买。戴尔电脑在目前国内销售的电脑中属于高档品，之所以选择金融、邮电、政府、机关等客户，是因为它们都有一定的购买力；那些中小型公司就不作为主攻对象了，它们的资金不是那么雄厚，花钱时会精打细算。对于那些收入不高地区的超市，高档家用跑步机的销售代表就不要去谈了，成功可能性很小。

其次，这个方向的客户是否有足够的数量。不要花大量时间和精力做了充分准备，结果转了一圈，见了二三十个客户就完了。上面说的那位锁定湖北钢铁行业的销售代表，他的一个同事决定主攻湖北的水泥行业，结果发现这方面潜在客户很少，后来只好另起炉灶。所以，在选地盘的时候，要看清它是否肥沃，是否有很大潜力。

最后，竞争态势。如果有块地不错，但已经有同行先下手了，浇水施肥经营得很不错，那也不是什么好选择。

以上三方面要综合考虑。如果有个方向，客户需求大、数量多但竞争激烈，那就要咬牙冲上去。总之，选择时看重的是总分。

说回那位锁定湖北钢铁行业的管理软件销售代表，又经过一段时间的摸索考虑，他把方向集中到湖北钢铁行业中200多家中小型民营企业。他的理由是：湖北的大型钢铁国企有六家，它们财大气粗，眼睛是长在头顶上的，只考虑国外的软件，对国内生产的软件没有需求。大型钢铁民企也有六七家，迫切希望发展壮大，对管理软件需求强烈，也愿意花大资金；但树大招风，国内外的软件厂家全都盯着它们，竞争非常激烈。那200多家中小型钢企，有的对软件认识充分，希望恰当运用后能帮助企业加速发展，有的做事谨慎，但也看到运用软件是大势所趋，总之，它们对管理软件都是有需求的。它们目标不大，愿意投在软件上的资金也不是很多，所以竞争并不激烈。这是块好地。

★有了方向，就要开始搜寻潜在客户名单了。

第一，查名单。

最简单的，是查黄页电话号码簿（也叫"扫黄"）。按照产品、行业分类去查，全面详细。还可以上网查，有著名的商牛网，全国各个行业、企事业单位的黄页都能查询，号码准确率高，使用起来比号码簿方便。如果你的目标是公司，那就查专门的公司名录网站，有企业名录网、中华企业名录网、风华数据信息网，还有一个卓讯企业名录搜索软件，输入要搜寻的地区行业产品，就会显示全面的相关信息。所有公司都要在工商局注册,如果你在一个城市经营久了,在工商局里有朋友,让他把最新登记注册的公司名单提供给你,如果是在你的方向之内的立刻去找,那就比竞争对手们领先了一步。如果销售代表的产品是基建方面的,那么到一个地方就要先浏览当地的政府网站,政府网站总是将招商引资的成绩做重点宣传,在那里你能获得很多的信息。另外,还可以去当地的发改委网站收集信息,因为所有的大型新建项目都必须经发改委审批。

这种查名单的方式虽然简单快速而且全面,但具体到每一家潜在客户,信息量非常有限。它有需求吗?有采购预算吗?是处在迅速发展期还是处于衰退期?公司有什么特点?什么都不知道,而且客户分布非常分散,联系起来太累。所以说,我们还得有一些更好、更有效率的搜寻猎物的办法。

第二,往客户扎堆的地方凑。

一个没背景的小伙子在银行里工作,拉不到存款。后来,他每天晚上都到当地一个最热闹的广场舞聚集地陪大妈们跳舞,跳着跳着成了领舞,再跳着跳着,把那里的大妈都跳成了他的客户。大妈个个手里握着财政大权,完成存款任务轻而易举。广场舞聚集地是什么地方?是客户扎堆的地方。

所以,行业论坛、会议一定要去。不管是政府组织的,还是大学研究所组织的,还是行业组织的,还是竞争对手组织的,都要去,那里是"猎物"们扎堆的地方。有办法要进去,没有办法创造办法也要"混"进去。会议上的内容要听,会议下的交际更要做。会中休息时、会后聚餐时,别的与会者放松休息,却是你最忙的时候;你要像一只蝴蝶那样上下翻飞、四处走动,自我介绍、交换名片,认识别人也让别人认识你。在这里,你既收集了一批潜在客户名单,也对他们有了初步的感性认识。

还有就是目标客户的行业展销会。如果你是深圳一家专做包装物的印刷厂的业务代表,把东莞的各电子厂作为自己的主攻方向,那么东莞电子行业的展销会就一定要参加。会上,那些电子厂的销售代表们向来自全国的客户推销着扫描仪打印机，你则趁他们稍微空闲时，前去认识一下，问问他们扫描仪打印机包装物的印刷情况。

现在的社会知识更新快，职场人士都要不断学习，同一行业的人学习也会在一起，这又是一个潜在客户扎堆的地方。什么电算化培训班、陶瓷行业经理班、牙医高级进修班，数不胜数。看看自己的目标客户会去什么班学习，然后"潜入"学校，认识一下同学们。如果还能和里面的若干位老师建立起很"铁"的关系，那就最好不过了；他会把学员名单给你，而且帮你介绍，很自然地就认识了客户。

客户企业要搞基本建设，要上设备，都要先请设计院做好设计，所以工业品销售代表就要跑设计院，那里是客户来源的富矿。

第三，圈内朋友。

如果你来到一座三线城市面向单位客户销售，你可以结识几位当地同做单位客户的销售代表。他们可能和你是平行关系，比如你是销售复印机的，那可以找销售电脑或者办公家具品牌的销售代表；他们也可能是你的上游公司，比如你是做酒店用品的，可以找当地做瓷砖销售的销售代表，品牌瓷砖的销售代表对于当地的新建酒店都会跑到，这方面信息都有，而酒店装修完了就会采购酒店用品。当然，可不要找那些有竞争关系的销售代表，同行是冤家，很难做朋友。你和联想电脑的销售代表也可以互相帮忙，你们卖的是不同产品，但面对的是相同客户。你们互通情报：哪家公司上半年业绩很好，现在要扩大规模，那么，你的机会来了。你们在酒桌上互为引荐：刘总，这位是联想的销售经理马良，他最拿手的是根据客户的需要推荐电脑型号……

本公司离职的销售代表，他们会留下一些客户名单，这些名单都是有价值的。有的已经买了我们公司的产品，那可以用服务的名义和他们联系，上门询问使用情况，做一些维护保养，然后看看有没有产品升级的机会，对方还要不要再买一些产品。对方毕竟已经买了我们的产品，对我们已经有了接受度和信任度，再挖掘潜力，难度总要小于开发新客户。有的是原来的销售代表做了一定的工作，销售代表离职了，销售也就中断了，现在你把中断的工作继续下去。

第四，运用好自己现有的亲戚朋友熟人关系。

美国著名汽车销售员吉拉德说过一个著名的"二百五定律"：一个人在自己的婚礼上可以邀请到的亲朋好友，大概是250人，包括近亲远亲、小学中学大学同学、过去和现在的同事、过去和现在的邻居、球友棋友牌友，还有在生活中认识的其他朋友。现在，你做了本市面向单位客户的销售代表，这250人就成了你的资源。他们有的认识某个学校医院的负责人，有的认识某个公司的主管，还有的本身就是经理主任，找他们帮忙，难度小很多。

不要不好意思；有的销售代表会觉得和亲戚朋友谈销售，有损形象，有损关系。其实互相帮忙是亲朋好友关系的应有之义，只要把握好不说虚假的话、不卖价格虚高的产品就行；我们不是传销，我们做的是堂堂正正的销售。亲朋好友帮我介绍客户，我也会帮助他们，这不是很好吗？

第二章　初见

有了客户名单，就可以给客户打电话约见，也可以通过研讨交流会等方式展开和客户的接触；和客户正式接触前对客户情况要多加了解；初见客户时在着装、行为举止、自我介绍和寒暄时应恰当得体。

1　第一次约见：打电话

有了名单，有了线索，就好像一个小伙子进了婚介所，拿起了一本满是姑娘照片的相册。找谁呢？谁才是那个"她"呢？小伙子此时心中其实是一片茫然。他对对方不了解，对方对自己会是什么态度也是不知道。但是，干想没用，先接触一下。

销售代表要接触客户，常见的做法是打电话约见。

你是一位手术衣的销售代表，公司大名是"芬迪医疗器械有限公司"，比如说到湖东省柳阳市开展业务，通过查电话黄页簿列出17家大中型医院的名单。现在要给第一家，比如柳阳第一人民医院打电话。

★ **我们先说说如何突破秘书。**

挑一挑时间，什么时候打电话方便？有两个黄金时间段，一个是客户早上刚刚上班还没来得及被拉去开会的时候，一个是下午临下班前一天工作大概忙完的时候。先到对方网站上看看，查到该医院总务处处长的名字，如果能有朋友事先打了招呼那是最好；如果实在是不知道，电话先打到对方总机，请总机转接总务处的同时，随口（装着随口）问一句"那位处长贵姓啊？"有了回答就好。

现在，总务处有人接了电话："您哪位？"你说话时可不要透着紧张、胆怯，而要显得（装得）自信、随意："我芬迪的，找刘处。"现在你的目的就是和刘处说上话，对于中间出现的秘书或其他工作人员，要尽快通过。要装得和刘处很熟，或者自己很重要的样子。

当然，很多时候是怕什么来什么，你越想快进就越快不了。秘书的一项职责就是为领导站好岗、把好门。

认真负责的秘书会问：您是什么公司的？

你回答：芬迪，芬迪医疗器械有限公司。请问，您贵姓啊？

秘书：免贵姓谢。芬迪？我查一下预约本，……您没预约啊。

你从容地说：我是要找刘处谈谈手术衣的事，我们芬迪是一家芬兰的公司，有120多年历史，国内很多大医院现在都用的是我们的手术衣；贵医院是柳阳最好的医院，我就想过来和刘处谈谈合作的事。

注意：你要在最短的时间内把自己的最大卖点说出来，让秘书绝不敢忽视你，要是把你这么有价值的合作对象拒之门外，以后刘处知道了怪罪下来，她不是要吃不了兜着走？

这时，一般秘书就会把电话转给刘处了，你别忘了说声"谢谢！"可是，也会有其他情况。

秘书说：刘处在开会呢。

你要紧追不放：喔，那我过一小时再打来吧。

秘书：不一定啊，可能会开得很晚，要不然你把手机号码留下来，等刘处回来我让他给你打回去。

可不要留下手机号码，否则，如果以后的两天刘处一直没打电话过来，你只好再打电话过去，那时刘处会有些尴尬难堪，这不是双方谈话的好的开头。再说了，如果刘处第二天真打电话给你了，当时你可能正在忙别的事情，仓促间和刘处对话，效果也不可能好。所以，坚决不给秘书手机号，可以说："他在开会啊？没关系，我明天上午再打过来。"

记住秘书姓"谢"，下次再打电话过来，一定要称呼"谢秘书"，一回生、二回熟，你们这就算认识了，而且马上就把"一院，谢秘书"这几个字记在销售笔记本上，否则，一上午下来各种秘书干事，你一下就全混了。再有，和谢秘书多聊几句，问问："咱们一院现在有多少医生啊？护士呢？咱们一院现在用的什么牌子的手术衣啊？"让谢秘书感觉自己有价值、被需要，而不只是一个接电话的人。下次上门拜访刘处时，给谢秘书带两盒品牌巧克力或者其他小礼品，表示一下对她帮助的感谢，以后用得着谢秘书的地方多着呢。

如果你的运气很差，偏偏碰上了一位油盐不进的秘书（本姑娘今天没心情），那只好想想别的法子，比如试试午餐时间或者傍晚六七点钟，希望该姑娘去吃饭或者已经下班了，而刘处还在办公室辛勤地工作着，这样刘处就会直接拿起电话。有时候反过来，傍晚六七点打过去，对方单位里的人包括刘处都下班了，但谢秘书还在加班，这时可以和她聊聊天，沟通沟通感情。别人都下班了只有自己还在值班，心情不会很好，孤单，想和人说说话，这时你说："谢秘书啊？我是芬迪的小唐，想问问刘处明天会什么时候在。你还没下班呢？吃饭了吗？……听你口音，普通话那么好，不是湖南本地人吧？"大家都是年轻人，一天忙于工作心情紧张，现在暮色降临天色已晚，大家是很容易沟通乃至成为朋友的。

以上所有的沟通都属于陌生电话，很多新销售代表打这种陌生电话很紧张，就把要说的话写下来放在手边，边打边看，这可不是好法子。语句只是一部分，语调语气同样重要，甚至更重要，所以一定要把你说话的要点记在心。打电话时，嘴唇不要凑在话筒上，那样传出的声音会有回音、不清楚。语速慢些，让对方很容易就听清你的话；尽量不用技术性的专业词汇，用简单的日常用语，让对方容易明白你的意思。打电话时即使对方看不见也要面带微笑，这会调动起你的情绪，要通过声音让对方感到你是个友好的、有理解力的、有专业能力的人。

另外，有时候销售代表一上午要打一二十个这样的电话，如果大部分没约到，心情当然不会好。给一个调节心情的小贴士：电脑或手机上都有笑话大全网站，打了几个电话如果心情不好，就看看笑话、看看段子，效果简捷有效；男销售代表也可以打开一个人体艺术网站，欣赏欣赏艺术，提高提高品味，这些都可以即时缓解沮丧的情绪。

★现在你突破了秘书，你拨出刘处办公桌上的电话，但等了半天无人接听。无奈，你只好再把电话拨到谢秘书那里。谢秘书说："那他应该是出去了。"你问："什么时候在呢？"谢秘书说："不好说，刘处很忙的，很少在办公室。"你感到自己运气很差，不甘心地要求："那，能告诉我他的手机号码吗？"谢秘书还真告诉你了；当然，她也完全有可能不告诉你，那你只好再想办法去弄到刘处的手机号码。

和客户打交道，如果对方是高层领导，那么或者很难要到对方的手机号码，即使运气很好你要到了，一般也不能随便打，你需要预约。如果对方是工程师或者办事员，那打他手机也不用考虑那么多。最头痛的就是怎么给中层领导打电话，比如说刘处。

现在你的电话拨过去了，会有以下几种可能：

关机。刘处可能正在开会，或者在飞机上，那就过一两个小时再打。

接通了但无人应答。可能是设在了静音模式，领导在为什么事忙着呢。

性急的销售代表，隔一分钟打一下，那领导很可能会被你的一次次震动搞得火大，忍不住拿起手机，或是几句不耐烦的敷衍，或是一通斥责，都不是什么好结果。所以，稍安勿躁，过一两个小时再打。两小时后再打过去，还是无人应答，那就继续耐着性子，再过段时间打，你不会运气那么差的。当然，真有领导见到陌生电话不接，你两天内拨了四五次，都是无人应答，这时你可以直接登门拜访了：不是我不想打电话预约，是你永远不接电话，我只好登门了。

忙音。忙音意味着自己运气不错，这说明刘处现在有空接电话，方便接电话。等等吧，过五分钟再打；还是忙音，再过五分钟打，连拨三五次，会拨通的。

现在是和客户接触的最初阶段，对客户们的工作规律、行为特点等等知之甚少，所以电话约见的进展往往是凭运气。有时候一天下来一个也约不到，有时候半天就约到三四个人。所以，保持一颗平常心，尽量不要让自己的情绪受太大影响。

现在，不论是座机还是手机，你接通了刘处的电话。

刘处：喂？

销售代表：刘处吗？上午好！现在接电话方便吗？

刘处：方便，请问哪位？

注意，这是一个十分经典的开场白问候语，因为这句话一方面显得很有礼貌，表达了对客户的尊重，而且由于销售代表知道客户的姓名与联系方式，会让客户产生是否认识电话线另一端人的错觉，从而当销售代表问客户"现在接电话方便吗？"的时候，客户会很自然地回答"方便"，而当客户一旦表示他"方便"的时候，就代表着客户已经许下了一个承诺，客户需要为自己的承诺负责任，在接下来的对话他必须给销售人员一些时间，而且也不好意思再找比如很忙或者没有时间等等这样老生常谈的借口。

销售代表：我姓唐，是芬迪医疗器械公司的业务代表。我们是一家来自芬兰的公司，做医疗器械有120多年了。

注意，自我介绍时对自己的名字一带而过即可，反正客户对你叫什么也无所谓。要强调公司。如果是戴尔、葛兰素这些著名公司，只要报上大名对方就会不由自主地重视起来；如果对方没听说过你的公司，那就要"炫"一下公司实力：我们是一家芬兰的有120多年历史的高科技公司，我们是一家在国内印染机行业排名前三的大公司，我们是沃达风、Orange 等著名企业的战略合作伙伴，等等。总之，要在第一时间让客户对你重视起来。

刘处：哦，芬迪，我知道，有什么事吗？

销售代表：前几天我在儿童医院见到他们后勤处的李处，我们谈得很好，他和我说起您，介绍我来拜访您。

刘处：是，他前两天给我打过电话，说过这事。

注意，销售代表在自我介绍后，不要马上就说产品如何如何，要先想个"话头"说两句。比如有人介绍，介绍人的身份地位起码和客户相当，高一些最好，如果身份地位较低，那就没多大作用。还可以说说对客户单位的了解和敬仰：柳阳一院是衡阳最大，也是最先进的医院，很荣幸能有机会向刘处请教；我对全省的医院都有所了解，我们柳阳一院的骨科可以说是全省第一，在全国都很有名气。如果是找杂志社销售电脑，就说自己是他们的忠实读者，经常看他们的杂志，再说两篇其中印象深的文章。

销售代表：我是想能来拜访您，看看我们的产品能否满足贵医院的一些需要。

刘处：你们有什么特别一些的产品吗？

销售代表：我们公司最出名的，也是在国内销售最好的，就是防静电手术衣。

刘处：防静电手术衣？嗯，静电确实是手术室里的一个隐患。

销售代表：是啊，麻醉剂一旦接触到静电就会着火，而手术衣的摩擦是静电的最大源头。我们的手术衣内置了极细微的钢线，从而解决了这个问题。

注意，和客户找话头说两句后，马上就要说到正题，马上就要把卖点说出来，客户可没时间听你东绕西绕，谈了一会儿要是没听到什么感兴趣的东西，他就会挂电话。所以要在第一时间就激发起客户的兴趣。你可以突出产品功能的特别之处：我们的手术衣可以防止产生静电；我们的多重组合式文件柜可以节约很多办公室的空间；我们的液晶广告柱占地少但是画质好、信息量也大，在商场中的宣传促销效果非常棒。也可以强调在降低成本费用方面的作用：我们了解到贵校新教学楼正在建设，我们的日光灯管节能效果非常好，3瓦的LED灯管和普通的40瓦的灯管照明度相当。也可以突出价格的优惠：我们联想正面对柳阳全市的学校，在整个十月份展开一个"如果失去联想，孩子将会怎样"的活动，优惠力度达到20%。总之，和客户通话前，先准备好一两颗能击中对方的"子弹"，然后很快"射"出去。

刘处：这一点是不错，还有什么特点啊？

销售代表：另外，我们的面料经过特殊处理，所以洗完以后不必烫熨能保持平整；还有……，刘处，电话里说不太明白，见面时我再详细说。您看，今天是礼拜一，我礼拜三下午来拜访您好吗？

注意，有时客户听着有兴趣，会让你多介绍一些，但你要有节制，说一两点就可以了。具体性能在电话里是说不清楚的，而且说多了，客户兴趣下降，就会不着急见面。所以，只要勾起了客户兴趣，就要求见面；你要明白：不可能在电话里就能搞定客户，这次电话的目的就是约见。

约定见面的时间也有讲究。第一，不要把主动权让给对方："您看，我哪天来拜访您合适？"本来客户就没有你那么迫切，这时他很可能会说："我这几天很忙，过几天再联系吧。"打铁要趁热，要趁着对方兴趣刚激发出来约定见面，否则事情一拖对方兴趣一凉，就不知会怎样了。第二，不要提很近的时间，"我明天上午来？"甚至"我现在就过来？"这样显得自己不够有分量。这样做你自己连带你的公司都会被客户轻视，所以要稍微"端"着点。但也不要"端大了"，提议下礼拜才见，这又违背了趁热打铁原则。如果对方说"我礼拜三没时间啊"，那你就要赶紧再提一个时间："哦，那就礼拜四下午，行吗？"可不要把主动权又让出去："那您看什么时间好呢？"第三，不到万不得已，不提议周五下午。因为周五下午客户已经没什么心思在工作上了，即使见到了，谈了一些，过了一个周末又忘了一大半了。

回到原来的对话，事情有时会有波折。

刘处：见面的事情再说，你先把产品资料寄来吧。

销售代表不能答应这个要求，记住，这次电话的目的就是约见，约到见面才是胜利，可以这样应对："我们的产品功能挺多的，品种也多，但每个客户情况各不相同。我还是想能具体了解贵医院的具体情况和需求，然后推荐最合适的产品，所以还是要和您面谈才行。"

有时，客户缺乏购买意愿。

刘处：上个礼拜我们看了一家日资公司的产品，他们的手术衣也防静电，而且样式不错，我们很满意。

这时，你可不能轻易放弃：哦，我知道，是松下酷子吧？他们的质量是不错，但我们也绝不比他们差，各有千秋吧。你们可以比较一下，多一个选择总没有坏处。我后天来拜访您好吗？

电话约见我们就谈到这里。总之，打电话时语调要平稳，说话要谦虚从容，内容要清晰，理由要充分。切忌心绪浮躁、语气逼人，尤其是当客户借故推脱时，更须平心静气，好言相向。

2　第一次约见：研讨交流会

前面说的电话约见是最传统、最常见的方式，为了提高约见效率，我们还要再动动脑筋，看看有没有其他更好的方式。

★一种方法是先发邮件。

如果你是一家重点做多功能组合式文件柜的办公用品公司的销售代表，在柳阳市开展业务，现在收集到了柳阳市 300 多家公司、机构、单位的电话和电子邮箱，你可以用心写一封邮件，给它们一一发出去，内容如下：

XX 经理：您好！

我是深圳文曲星办公用品公司的江晨。我们公司致力于研发制造最具现代感、质量上乘的办公用品，特别是我们的主打产品多功能组合式文件柜，不仅外观现代、时尚，更能最大限度地利用办公室空间；自去年进入湖东省后，已在十几个城市普遍开展了业务，包括湖东电信、湖东发展银行、大发连锁超市等 200 多家政府机关、公司购买使用了这种先进的文件柜，反应非常好。我是负责柳阳市业务开展的销售代表，希望能拜访您，看看能为贵公司（医院、机关）提供哪个方面的服务。谢谢！

尽量找到、写上那位经理的名字，如果只是统一写"经理您好"，效果会大打折扣。就好比你过年时精心措辞写了一条贺年短信，然后群发了 100 多人出去，效果其实不会好，收到的人不会怎么领你的情。每个人都希望自己是特殊的一个，受到别人特殊的、单独的重视和对待。

邮件不要长，在短短的篇幅里，突出产品的卖点、业绩。这些内容和电话约见相似。

发出去后，会有一些客户回信，你就可以约见了；一个星期后，对于那些没有回信的，你要打电话过去。现在，这份早先发出的邮件可以成为你的一个话头："彭经理，我是文曲星的江晨，上次给您发的邮件看到了吗？……您对我们产品感觉如何？"

先发邮件是一个提高销售效率、降低心理成本的好办法，把它和电话约见结合起来用。

★ **下面我们重点说说研讨交流会。**

现代社会，生活节奏全面加快，一些人感觉一次约见一个人效率太低。现在美国流行一种"闪电约会"，一次会有男女各十人来到一间会议室那样的场所，比如迈克这个小伙子先和 A 姑娘谈五分钟，然后再和 B 姑娘谈五分钟，一个小时内可以和十几个姑娘接触，当然，参加这个聚会的其他小伙姑娘也都享有同样的机会，于是，效率大大提高。

销售中使用研讨交流会，也能达到类似的效果。

上海一家做管理软件的公司海翔公司来到柳阳市，收集到了 100 多个潜在客户名单，经过一段时间的了解情况和酝酿后，决定召开一次研讨交流会。

靠什么把潜在客户吸引来呢？其一，产品本身是个重要因素，大多数公司单位对管理软件是有需求的，当然，如果我们公司名声在外那最好，像戴尔的销售代表到那里都是先开研讨会，每次参加的人都很多。其二，由某家公司组织一场聚会，各公司的领导聚在一起，对公司的信息化管理各抒己见，相互借鉴，这也是那些潜在客户的共同需要。其三，最好还能在这个场合认识政府部门的人，在我国，公司的发展离不开政府支持。所以，这家软件公司要去请政府领导。了解一下当前政府经济工作的重点，设法把我们的活动和政府的思路挂起钩来。然后到湖东省科技厅和柳阳市发改委分别请示，表示此次研讨会的目的在于推动当地传统产业升级转型，领导认为研究会的宗旨符合本省当前经济工作的精神，表示肯定和支持。软件公司请领导出席并做重要讲话，领导表示会尽量参加；至于发言，软件公司要先起草一个发言稿供领导参考。

现在要拟写邀请函了。

为了推动传统产业升级转型，推动信息化管理的普及运用，在省科技厅和柳阳市发改委大力支持下，海翔软件公司特举办信息化管理研讨会。会上有省市领导讲话、专家发言、主办方演讲、公司代表发言。诚邀经营副总、信息总监、会计总监参加。

时间：6月8日上午8点。

地点：君豪酒店会议厅。

根据经验，一般实际到会的人要比邀请的人低一级。

海翔在柳阳市有五个销售代表，分别去联系30多个潜在客户，一一邀请。最后一共落实了七十几位。6月8日那天终于到了。销售代表们身着正装在会议厅门口恭迎潜在客户们的莅临，看着来宾们签到，销售代表们就知道是谁的客户，会上前寒暄："您好，柳树公司的柳总？我是业务代表唐晨，……对，就是我在电话里邀请您来的，欢迎您啊！这是我的名片。我已帮您订好了座位，请跟我来。"要表现得文质彬彬、礼貌周到。

来宾纷纷坐定，会议开始。海翔公司湖东分公司总经理主持，介绍与会嘉宾，然后开始讲话。

政府领导讲话：意义，作用，大力支持……

海翔的一位副总讲话：介绍海翔，表示要服务好柳阳，要在湖东省设立研发基地……

上海同济大学的一位教授作为专家讲话：世界的最新趋势，信息化运用的几个要点，信息化建设的几个步骤，海翔软件的几个特点……

来自省城的一家大公司的信息化总监作为公司代表讲话：我们公司去年六月开始运用海翔软件进行管理，一年来收效明显，主要体现在五个方面……

最后是自由发言时间。

以上发言结束，就到了吃午饭的时间。座位都已安排好，政府领导、海翔的副总等要和大公司来宾或者高管坐在一起；海翔的销售代表坐在一起。大家在饭桌上聊经济走势，聊行业情况，聊政府政策……。对大家来说，这是一个很好的交流平台。

到了散场的时候了，临走时要让潜在客户们填一份反馈表，留下各种信息。和各位客户告别时，要记得说一句："保持联系啊！我再找时间拜访您！"

第二天，销售代表们要研究那100多份反馈表，给它们排排顺序：首先按照购买我们产品的可能性来排序，同时考虑对方的可能采购金额。然后，就要按照这个排序一个个约见了。当然，现在有了一场研讨交流会"打底"，约见洽谈的难度会小很多。

一场这样的研讨会开下来，其一，柳阳的各个公司、单位现在都知道了海翔是一家专业、有实力、有背景、有影响力的公司，对海翔的软件产品也有了一定的了解。其二，大家在这样一种研讨交流的气氛中相会，淡化了"买卖"的感觉，强化了"同道""朋友"的感觉，而且和海翔的销售代表沟通了感情。其三，到会的大多数是部门经理、处长级别的客户，还有十几位副总，如果由销售代表电话去约，须得费一番功夫；而且一来就是七十几位，节省了时间。其四，一场这样的活动花费两三万元，平均到每个客户身上三四百元，这远比一个一个约见花费少得多，效果也好得多。

总之，通过一场研讨会，高效打开了柳阳市的局面；如果两个月后要进入另一个城市，则"照方抓药"，开一场同样的研讨会。好的方法可以复制使用。

3 摸透客户

第二次世界大战胜利的决定性战役英美联军诺曼底登陆，那天是1944年的6月6日。为什么要选在那一天？当时德国大西洋防线的元帅是隆美尔，他和夫人的感情非常好，平时他都是日夜守候在防区，但那一天是夫人的生日，他一定会离开防区现场，回德国给夫人庆祝生日。那一天，就是最好的进攻时机。

销售像打仗，也像恋爱，不管是打仗还是恋爱，都需要了解对方，了解得越多，胜算就越大。想追一位大学女同学？先不急着进攻，接近那位女同学的室友，了解一下情况。那位女同学喜欢打羽毛球，那就约到羽毛球场，边打边聊；喜欢旅游，那就自己先到图书馆读一读《中国国家地理》杂志，见了女同学就畅谈祖国的大好河山；喜欢科研，周末约到实验室共同探讨科学原理。

销售代表经过前面的努力，明确了目标，也有了初步接触，那么在正式进攻之前也要先了解对方。

★ 了解客户信息的途径有哪些。

问朋友。从自己公司的市场部、技术支持部、原来的销售代表等处，看看能否找到目标客户的资料。如果那位客户是某位"250"之一介绍的，那就问问介绍人客户的情况。再问问其他朋友，尤其是业内朋友。如果有朋友能拿到一些客户公司的资料，比如厂报、公司年度报告，那是最好。

上网站。上客户公司的网站，仔细看看客户公司的基本情况、组织结构、工作动态、领导讲话等等。在百度上输入客户公司名和公司老总名，搜一搜，看看能不能多了解一些；这些功夫都是省不得的。

看现场。到客户现场看看。如果要向一家商场推销男装，就先去看看这家商场的外观、内部装修，判断一下实力如何；在一楼的化妆品专柜看看都是什么档次的品牌，判断一下这家商场的档次定位；到楼上男装专区看看，判断一下有没有产品空档以便切入。还可以从侧面去了解，如果你到柳阳市要向各个健身房、健身俱乐部销售跑步机，那就先乔装成顾客，到十家八家健身房中跑跑步，和健身房里的服务员、其他客户聊一聊，你会得到不少柳阳市各健身房的信息。第一次到客户公司见面，进门多看看（动作不要太明显），找个合适的机会看看墙上的宣传材料，有位销售代表就是看了几张宣传照片，发现在公司活动中总经理总是走在前面、董事长反而在后面，由此判断总经理是实权人物。

问客户公司里的人。了解客户是一个由浅入深、由简单到全面的过程，它贯穿在对这个客户的销售全过程之中，在整个过程中你的耳、嘴、眼都要保持在工作状态。你到了客户公司，和对方的信息部部长谈了，后来又和其他人员谈了；既是在交流、说服，也是在了解情况。随着销售的深入，你和客户公司的一些人会越来越熟，也就会了解到更多的信息。

★ 了解客户信息的哪些方面。

第一，了解目标客户的需求情况。

对方现在采用了管理软件吗，是什么品牌的软件，用在什么方面，什么部门在用？现在对方对我们的软件感兴趣，用意是什么，是想大规模运用，还是对原来的软件不满意？我们注意到客户老总的讲话中多次提到"提高效益，降低运营成本"，这是不是实施新软件的主要目的？客户是不是已经开始了采购程序？采购预算大概是多少？

第二，了解目标客户的运作情况和行业特点。

客户公司使用什么设备，用的什么原材料；有哪几个加工阶段，有哪几个关键工艺，工艺之间如何相互关联；产品有哪些种类，主要销往什么地区；公司的战略定位是什么，有什么优势和劣势，面临什么机遇和挑战；客户所在行业发展状况如何，国家相关政策如何，业内最近有什么大事发生。前面我们说过要有一个主攻方向，有了这个方向，客户们的公司运作其实大同小异，你了解了一家，其他的几十家也都大致清楚了，不必再多花时间。当你见到客户，如数家珍地和客户共同分析他们公司的运行情况，客户会对你平添一份好感。

一位管理软件的销售代表，主攻方向是广东佛山一带的陶瓷行业，先后和十几个客户打过交道。他肯下功夫，经常到生产现场和车间主任、工段长们交流，半年多下来对陶瓷的生产情况非常熟悉，经常听车间主任说一些行话土话，自己也会了。再见到陶瓷公司的新客户，那些行话土话随口就冒出来了。客户们觉得好奇，甚至兴奋。因为这些话要是从车间里头戴安全帽、身穿工作服的工人嘴里说出来不足为奇，但从一个西装革履搞IT的人嘴里说出来，就有些意外，但感觉这人是个行家，懂我们。

第三，了解目标客户的组织机构和决策权分布。

客户公司的部门、科室、岗位是如何设置的；每个岗位的关键任务、关心的问题是什么；岗位之间是什么样的管理和业务流程，相互协作中会发生什么问题。更重要的是，关于本次采购的决策权是如何分布的。

有的健身房就老板一人说了算。有的健身房规模很大，老总、副总好几个，副总也能说上话，因此，老总要是犹豫不决，也可以做副总的工作。还有的健身房是连锁的，规模更大，内部情况很复杂，尤其是公司的权力结构，微妙复杂，销售代表可要谨慎考虑，选择好用上哪一条线。至于几十万、几百万金额的管理软件的购买，那更是涉及面很广：负责招标采购的规划部门，负责项目设计统筹的设计部门，负责技术支持的网管中心，负责原材料采购的物资部门；哪位副总是拍板者，哪位副总是影响者，哪位经理是经办者，哪位经理是协办者，他们之间在表面规则上的关系是什么，私下的关系又是什么。这些情况不可能很快弄清，要一步步来，但在不清楚之前，有些重要的销售动作不要轻易做出，公司决表层的事情微妙敏感，轻举妄动会对自己非常不利。

对于组织机构和决策权分布复杂的客户，销售代表可以画一张图，上下左右一个个方格，在里面填上负责人职位、姓名、电话，相互关系用线表示：实线表示表面规则上的关系，虚线表示私下的关系。随着销售的进行，一方面逐渐填满这张表，一方面在方格上涂上颜色：绿色表示已经搞定，红色是被对手搞定，黄色是摇摆。这样做的好处是直观明白，一目了然。

第四，了解目标客户主要人物的情况。

销售要从"公"和"私"两方面双管齐下，两条腿走路才走得快。客户信息部曹部长是本次软件购买的经办负责人，销售代表很幸运地找到了一位和曹部长打过交道的戴尔销售代表，那就要多请教这位销售代表了。他是哪里人？山东曲阜人，大学毕业后就来到本公司，属于公司元老级的人物了。哪个大学毕业的？南京大学，数学系。他的家庭情况？有一个女儿，现也在南京大学读大二，学的是新闻专业。他的个人爱好？他这个人很有意思，本来搞数学、搞IT都是要安安静静动脑筋的，但他很好动，喜欢旅游、打网球。所有这些都是很有价值的情报，以后都是用得着的。当然，如果运气没那么好，不存在这样一位戴尔销售代表，关系也不大，和曹部长接触的时候聊一聊，看看他办公桌上的照片、家里书柜里的书，也就知道十之八九了。还有，最好掌握曹部长的出差行程，这就要看销售代表和对方秘书的关系了，记得前面说的谢秘书吧？销售代表如果和秘书关系建立得好，秘书就会把客户负责人的一些信息告诉你，包括出差的信息。客户负责人出差在外地是很好的销售机会。因为到了外地出差，比如到了西安，一是没有那么忙，二是想玩一玩、转一转，这时销售代表早就到了西安做好了准备，可以邀请客户到当地的特色餐馆、名胜古迹，聚一聚，玩一玩，客情一下子就做起来了，双方关系能有一个质的提升。

第五，了解竞争情况。

销售代表对于自己公司的竞争对手早有一个基本概念，但对于某一位客户，还是要了解具体的竞争情况，这方面情况也是随着销售的进行逐渐掌握的。有对手已经行动了吗，是哪个对手，进展到哪一步了，抓住的是客户的哪位人物？有位销售代表是个"自来熟"，去了客户公司两次，就和门卫"混"熟了。第三次去登记的时候，顺便把登记薄往前翻了翻，前一个星期的访客情况都看了，然后就看到了一个竞争对手公司的名字，他们的销售代表一共来了两次，都去的是生产部。

以上这些信息都是有用的，所谓知识就是力量。可以把每次销售看成是解开一个迷局，了解了目标客户的内里乾坤和肌体脉络，就会像庖丁解牛那样游刃有余了。

兵法云：知己知彼，百战不殆。现在虽然你还没有和客户正式洽谈，但起码是心中有数了。

★最后，是对一次销售的成交可能性的判断。

我们对一个客户的情况做了了解，了解情况当然是为了以后搞定这个客户，但同时也要问自己一个问题：搞定这个客户的可能性有多大？如果随着对客户的了解，发现难度很大，那还不如先撤。一个男生心仪一位女同学，先接近目标女生的室友了解情况，了解的结果使自己很沮丧，人家或者根本就没想在大学时期谈恋爱，或者要求很高，或者已经有男朋友了，这样看来自己的成算实在很低。怎么办？明知山有虎，偏向虎山行？看上去很热血，但也可能很盲目。也许此时悬崖勒马、回头是岸方为上策。

我们要问自己以下几个问题。

第一，这个潜在客户有没有对我们产品方面的需求？

这家陶瓷公司虽然在我们的主攻方向之内，但如果已经购买使用了一套管理软件，而且很满意，那我们海翔软件就没有太多机会了。一位专门向餐厅销售洗碗机的销售代表，每到一家餐厅总是设法从后门进去，这样就会穿过厨房，看到厨房里是不是已经用上洗碗机了；如果用上了，锅碗瓢盆都清洗得干干净净，那就干脆从前门穿出，不必找餐厅老板了，何必浪费时间。一家百年老字号的丝绸店，想让它用上我们的财务软件？人家根本就没有这个想法，一套百年传承下来的记账方法，用得好着呢。

第二，我们的产品是否能够满足这个客户的需求？

即使客户有对我们产品方面的需求，我们的产品也不一定就能满足他的需求。有位朋友介绍了一家公司，新成立的，需要买办公用品，比如文件柜。但进一步了解发现，这家公司的规模不大，文件也不多，我们的多功能组合式文件柜并不适合它的需要。一家化工公司主动联系我们，想购买我们的管理软件，但销售代表知道我们的软件是基于"组合装配"的生产方式设计的，化工生产却是"分解式"的。一旦客户对我们的软件了解清楚后，就会知道双方其实是"牛头不对马嘴"，与其这样，不如早早收手。

第三，对方有没有采购我们产品的资金和预算？

对方倒是有需求，但准备不准备拨钱来买呢？现在公司也好，机关、学校也好，采购都是有计划和预算的，大的采购项目还需要立项。如果临时起意花十几万买一批文件柜那是很难做到的。再者，即使我们了解到这家医院今年有几十万的办公用品采购预算，那也不会都花在文件柜上，还有电脑、复印机等等，这些我们都要知道；如果电脑、复印机之类占用了大部分款项，剩下没有多少资金来购买文件柜，那这个客户对我们的价值也不是很大。

第四，对方是不是已经"心有所属"了，只是拿我们当陪衬？

也不是说见到一个客户就一定要跟上，如果明显是敌强我弱，也就不必花大力气去做；把力气用到更该用的地方，有时候撤退比进攻更加正确。

更要考虑的是：这个准备采购的客户是不是已经被竞争对手搞定了。当然，如果是这样，最好这个客户明确宣布"你们海翔的销售代表不用来了，我们已经确定买山鹰软件了"，这样倒也省心。怕的是客户并不说明，也接受我们的约见，和我们煞有介事地谈，目的是要拿我们当陪衬，然后客户的这位经办人就可以向自己的上司说，"我是找了好几家供应商，经过反复比较后才选定了山鹰"，或者"找了好几家公司投标"，但其实结果早就定好了。不管怎样，现在，我们在明处，这个客户在暗处，我们不知道客户的葫芦里到底装的什么药，那我们只能根据一些蛛丝马迹来判断对方是不是真心想买。有句话是：有翅膀的不一定是天使。

如果和客户刚接触时，对方就很热情，这就有些蹊跷；双方都还不了解，还谈不上相互信任，他哪儿来的那么大热情？天底下没有无缘无故的爱，很可能客户的心里话是："太好了,送上门来一个陪标的。"如果洽谈的时候，客户很少问我们软件的性能，这也有些蹊跷；因为如果想买，就一定会想了解清楚产品的性能，是不是对我们海翔根本就没什么兴趣。还有，如果有客户主动找上门来，问我们要产品说明书，听我们的产品讲解，一个月后请我们根据他们公司的情况报产品方案，半个月后让我们报价，这看起来很美，其实也很蹊跷。销售基本上都是业务代表主动约找对方，主动介绍产品，要求做方案。所以，如果是客户主动地把销售进程一步步向前推，很可能是要拉我们当陪衬的，小心不要上当。

总之，在我们向客户发起正式进攻前，要判断一下成功的可能性，值不值得发起进攻。从客户需求、购买资金、竞争状况做一个综合考虑。销售新手可以优先选择客户预算不大、竞争不激烈的小单子，先做起来，让自己能够立足，再图发展；有经验的销售代表更会选择做大中型客户，收益大，竞争激烈也能应对自如。

4　出门见客时带什么、穿什么

现在，要出门见客户了。要让自己迅速进入工作状况，此时要像老师上讲台前、演员上舞台前那样，检查一下自己：准备好了吗？该带的东西带了吗？穿衣打扮合适吗？

★销售代表出门前要带哪些东西？

第一，带上名片。

一些销售代表朋友很忙，有时会忘记带上名片、或者名片刚好用完了。但客户可不管你是什么原因、你有什么理由，客户会想：这是一个性格马虎、丢三落四的人；或者这个家伙对我们公司并不重视。然后你可能还要解释："抱歉，我的名片刚用完了。""不好意思，我的名片忘带了。"客户一听："哦，最后才到我们这儿来，看来是没拿我们公司当回事。""哦，看来是个新手，没有准备好就跑出来了。"不论想的是哪一条对销售都没有好处。然后销售代表干脆从自己的本子上撕下一张纸，在上面写下公司名称、本人姓名和电话号码，字也写得歪歪斜斜，递给对方；好了，虽然你才见了客户一两分钟，你的形象（包括你公司的形象）已经毁了八九分了。

出门前检查一下，带好名片，用名片夹装着。名片把公司名称、公司地址、本人姓名及联系方式写清，不要印得很满，也不要太花哨，最好是简洁而有个性。还有，进了客户办公室递名片时，一定要给每个人都递一张；否则，那些没收到你名片的人会感觉你在轻蔑他（她），说不定什么时候就给你制造点障碍。

第二，带上笔记本和笔。

销售工作头绪繁多，涉及的人也多，时间一长，不是忘了这个就是忘了那个，或是把这个那个弄混了，所以必须要记下来。一个是当时记。对方说的要点是什么，临别时约定下次做什么。客户说话时自己拿出本子记录，显得对对方的尊重，同时也是一个提醒：你说的我可都记下来了，说话要算数啊。一个是事后记。回公司就记，最迟晚上记，就像记日记，这是销售代表必须养成的工作习惯。今天到什么公司拜访了谁，谈了什么，获取了什么信息，提交了什么资料，客户有什么反应；还有今天向客户提交方案的要点，客户公司今天开了什么会、有什么决定：一一记录在案。

一本笔记可以三用。对自己，可以琢磨这些记录，看看现在进展到哪一步了，接触了谁，还没接触谁，下一步怎么做，要去做客户公司中谁的工作。对客户方，要给谁发感谢邮件，给谁带小礼物致谢。在以后双方谈判僵持不下时，也可以拿出这个本子，共同回忆双方之前的努力和达成的协议。对自己公司方，可以用本子里的内容写材料，说明项目进展情况，向上司汇报，或者申请内部资源。

本子是要天天用的，有的销售代表在扉页上写一条座右铭，自我激励："销售是唯一能够使人白手致富的工作"，或者"我真的已经尽力了吗？"这种做法对你很有帮助。

笔也要记着带。这虽然是小事，但越是小事越容易忘，忘了就不是小事。对方开始向你介绍情况，你却支支吾吾地说："可以用一下您的笔吗？"这实在是很糟糕的事，对方想不通：你这样马虎、草率，完全不专业的人怎么也敢出来见客。

本子、笔还有公文包，都要质量好些的，这些都直观地体现着你和你公司的形象；客户不自觉中会对你看高一线。不要用带自己公司 logo 的公文包，那显得你完全是一个公司办事员的形象，没有点个人实力。

第三，带上化妆盒。

电影里的男主角可以是光头、个矮都没关系，关键是有个性；但女主角还是美丽端庄为好：这就是人性。所以如果是一位女销售代表，不管你是忙了一天人困马乏,还是舟车劳顿疲惫不堪,一旦出现在客户面前,永远都应该是唇红齿白、神采飞扬的样子,所以化妆盒就不可须臾离身。

第四,带上公司资料。

公司宣传册、产品说明书都是必备的;还可以带上已有的客户名单,或者成功范例,还有媒体对本公司的报道,这些在销售时都是很给力的武器。

★销售代表应该以什么样的形象见客户?

首先要显得能力出众、事业有成。人人都希望和有本事、有能力的人合作,所以销售代表在客户面前要把自己包装成他的同级别甚至更高级别的人,这样客户才会敬重你、认可你,才愿意和你讨论业务,才会对你说真心话。所以销售代表要尽量穿质地较好的西装出门,身上要有一个抢眼的地方,比如一块名表,或者钻戒,这显示着你有成功的过去和现在。每个人都向往成功,所以客户也愿意和成功的你打交道。

然后,还应该围绕两点来塑造自己的形象:整洁美观,内敛精干。

男销售代表头发要洗得干干净净,不要留胡子,鬓角也要短些。穿着正式,表示自己的职业态度。不要穿休闲装之类的衣服,那样显得你很随意。身着西装、衬衣、皮带、皮鞋之类,讲究颜色统一;基本上选择深色的,黑的、蓝的、灰的,包括袜子,黑皮鞋尽量不要搭配白袜子,那样反差太大。还有,买了新衣服,别穿着就去见客,那一下子就暴露了你是个"新兵";先穿两三个星期,再去见客户。

女销售代表见客户不要求艳光四射,但打扮得端庄靓丽、神采飞扬则是应该追求的,这既增加自信,也是对客户的重视尊重,所以要把握住其间的分寸。头发要光润整齐,但也不要长发披肩,那样虽然漂亮,可是要花很多时间打理,会分散你的工作精力。见客户要化淡妆,不要浓妆艳抹。首饰一两件即可,胸针或者项链,不要再多了。着装要漂亮美观,但要保持内敛,不穿鲜艳时装,更不要着装性感暴露；穿些深色、素色、单色的套装，很好的质地，剪裁合身。鞋子要有一两寸的后跟，显出女性身姿的婀娜，但也不要再高了，鞋跟过高就是在突出自己的性感了，而且走路很不方便，影响办事效率。带一个女用公文包，不要带手袋见客户。还有，如果是近视，可能的话尽量带隐形眼镜，因为带眼镜的女性会给人严肃乃至刻板的印象，对销售不利。

好了，照照镜子，检查一下必带的东西，该出门了。

5 刚一见面的得体举止

现在我们去拜访客户。我们在本节要谈的是在刚见面的很短时间内，如何举止得体，为下面的谈话营造一个轻松、融洽的气氛。

不要在客户单位一上班的时候就匆匆赶去，那时客户单位的人要泡茶、吃早餐等等。如果在电话里约定了时间，比如下午两点半，那么虽然不要迟到，遇到雨天更是最好早些出门，但也不要太早到达，提前五分钟进门即可，不要显得着急，那样会让客户看轻你。进客户办公室前，掏出手机调到静音，然后敲门，随后后退一步，因为敲门时是紧靠门口的，里面一开门突然看到一个人堵在门口，印象不好。门开后销售代表走进去，却发现办公室里有其他人在和你要拜访的领导谈事呢，那就先退出来，等别人谈完了再进去。里面其他拜访的人知道又来了拜访者，一般会加快谈话速度，快些结束谈话的；千万别在领导办公室里坐着听别人谈话，那样每个人都不自在。

现在小唐进了办公室，正式和刘处打招呼："刘处，您好，我是芬迪的唐晨。"

★注意，对客户的称呼看似简单，其实有很多讲究。

第一，千万别叫错了。一般情况下你当然不会犯这样的低级错误，但如果你脑袋里还在想着刚才见的客户的事，或者想着等一下对刘处要重点说产品的哪个方面，一疏忽真地叫成"李处"，那可就糟糕，刘处心里可不会高兴。

第二，你正确地称呼了刘处，然后刘处给你介绍了办公室的另外两个人：赵副处，孙科长。这时你最好能一一记住，下次再来时，就要直接称呼了："你好赵处，忙着呢？"一回生，第二回一定要熟。过两天你可能还要约请客户总务处、后勤处的人，你就更要记住大家各自的名字，这是一个基本功。如果当时没有都记住，那就回家后拿出一张张名片，努力回忆一张张脸。每个人最看重的名字就是自己的名字，谁一下子记住了自己的名字，就说明他对自己重视尊重；谁重视尊重我，我就重视尊重谁，我就喜欢谁。销售代表就是要这样让自己被别人喜欢。

第三，称呼别人的头衔记得省掉"副"字，别较真地叫："您好赵副处，忙着呢？"有意无意地在称呼上给对方提高级别，自己不需要投入什么，对方心里还高兴。

第四，和对方接触的过程中，有时会有特殊情况，留个心眼，看看怎么叫合适。如果客户姓付，付处长（副处长？），接触一两次后你就要看看是不是要调整叫法，"老付处长"或者"老付"，看他的表情反应。如果一个客户姓范，范总（饭桶），你也要看看是不是调整称呼，看看他们公司里的员工是怎么叫的，你可以跟着叫范老师、范先生。

第五，称呼一开始强调的是尊重，但尊重也有缺点：显得距离远。随着交往的增加，和客户熟络了，可以适当强调亲密，比如赵哥、李姐、王姨之类，如果对方接受，那就这么叫了，当然也要注意公私场合的分别。

第六，最坏的做法就是对对方直呼其名，即使对客户公司的普通员工，也要叫余司机、张秘书、杨出纳，而不能直呼全名。

总之，不要小看称呼的事，一笔生意的失败经常是从叫错人开始的，这样的例子比比皆是，而且销售代表本人还浑然不知。

★回到上面的现场，小唐一见到刘处，要不要主动上前握手？回答是否定的。

虽然握手很常见，但具体到每个人想法又是不一样的。有的人爽朗外向，见人就握手；有的人矜持含蓄，不愿和人进行身体接触。小唐就要尊重客户意愿，做好两种准备。进门前，如果天热手心有汗就先用纸巾擦干，如果天冷四肢冰凉就先捂捂暖。准备好了进门，如果刘处热情伸出手来你当然以手相迎，如果刘处只是点头示意你也就微笑致意，手就不要伸出去了。

握手也是个技术活，不能只握住刘处半个手掌或者软弱无力地握，那样显得没有自信也没有诚意。抓住刘处的手，用一点力道，微微摇动，而且稍稍拉向自己，这才是一种自信、热情、有诚意的握法。注意握手时间，太快松手显得好像不愿和对方深入建立关系，总不松手又显得好像要和对方建立不恰当的友好关系。最后，如果客户是个热情似火的人，握住销售代表的手就不松开了，那销售代表还是顺从一点，不要主动松开。

★销售代表还要注意自己的身体姿势。

一些销售代表太想客户签单了，不自觉地把腰弯下去。这种感觉可是要不得。你越是显得没自信、想求着客户买，客户就越是看不起你。所以，为了能顺利地推销你的产品，你就要显出自信，透着"你不买可别后悔"的意思。虽然还没有说什么话，但你要通过自己的身体语言，把这种气息散发出去。步履坚定，抬头挺胸，笑容亲切。你把自己当回事，别人也会把你当回事；你都不把自己当回事，别人怎么会把你当回事？

身体保持笔直，头、肩膀稍稍往后；有的销售代表是退伍军人，站在客户面前挺拔、英气，效果非常好。和客户交谈时，头基本不要动，如果频繁点头或摇头，会显得自己过分紧张或想极力讨好对方。腹部收紧，以显示自己的力量。绝不可弯腰驼背，也不要让大公文包遮在身体前面，这会显得自己怯懦可欺。

和客户刚见面时，坦然自信地和对方进行目光接触，显露出自己的真诚和专注；别躲闪对方的目光，好像自己心虚或者藏着掖着什么，君子坦荡荡。当然，也不要总是盯着对方眼睛，那会把对方看得很不自在；直视两三秒钟，眼光就往下移，落在对方眉毛之下、下巴之上，这是一种专注、随和乃至略显顺从的表情。不要左右看，那是心不在焉；不要往上看，那是目中无人。

面带友善的微笑。日本著名销售代表原一平说：最好的微笑是婴儿般的微笑，以显示自己是个坦诚的、不设防的人。我们可以这样理解微笑的含义：其一，亲切和善，自信坦然。这里的自信，当然来自所销售的软件、手术衣、文件柜等，产品好自然有自信心。其二，自信要有度。第一次见客户时，一般不要大笑，那样就显得太自信、太放松，客户会感到受到轻视。

表示一下感谢："刘处，您这么忙还抽出宝贵的时间来接待我，真是非常感谢啊！"虽然是简简单单一句话，但一个谦逊礼貌的印象已经留在了刘处脑子里。这时对方用一次性水杯倒了杯水递过来，销售代表要用双手去接，还要记得离开时自己把纸杯带走扔到垃圾桶。如果可能，做到客户左手斜45度角的位置。坐正对面，会在潜意识里给客户一种双方是针锋相对的对手的感觉；坐客户右手边，按照传统文化会在无形中显得比客户地位高，这两种情况都应该避免。

★最后说一下，有时候和客户接洽的那段时间的天气可能很不好，可能很热也可能下大雨。一般来说这种天气就不要出门了，过几天再去见客户。

但如果攻克这个客户的难度比较大，几次都没约成，那一旦约成就一定要去，这时恶劣的天气反而是好事。

当客户看到销售代表在这么热的天或者冒这么大的雨还来谈业务，心中还是会有所触动。白居易的《卖炭翁》诗中说"可怜身上衣正单，心忧炭贱愿天寒"。卖炭翁为了把炭卖个好价钱，宁可天再冷些。业务代表冒着风雨前来，也会为自己增加感情分。

倪建伟是一位工业品推销方面的成功销售代表，主要从事阀门等真空设备的销售，以自身多年实战经验写成《销售就是要搞定人》一书，书中有一段一场暴雨成就一位销售代表的真实故事。

他手下的这位销售代表到湖北洪湖市的神龙酒厂投标，失败了。销售代表不甘心，得到上司批准后又去找酒厂，把价格再往下降，中标的竞争对手价格是172万元，现在销售代表报160万元。找了两次客户都没有结果，第三次再去，偏偏那天突然下起暴雨，路面成了小河。销售代表身上全湿透了，他也不管了，穿着皮鞋趟着水就进了酒厂。对方几位领导见他湿淋淋地进来，赶忙让座，还泡了热茶，但仍然表示要服从招标结果。销售代表又去找第一把手颜总，颜总说："你回去吧，既然你们又降价了，我们再研究研究。"销售代表只好回去。雨还是很大，但心情灰暗的销售代表也无所谓了，趟着水往外走。出门没一会儿，后面来了一辆小车，开到他身边停住，司机在车里对他说："我们领导让我送你回去。"销售代表问："哪个领导？"司机说："是颜总，他说这一路全是小腿深的水，让我用车送你。"

最后颜总决定改用他们公司的设备，销售代表成了赢家。后来的十几年中，酒厂的很多设备都是通过他购买的，每年从酒厂能赚到三十到五十万元。

6 闲聊

销售代表见了客户,不要着急地直奔主题,先随意找个话题聊聊,铺垫好气氛。

碰上随和的,或者心情不错的客户,你会发现闲聊很容易,特别是如果这位客户是领导,大多数领导都是善谈的,你们的交谈会像一汪开闸的清泉一般四散漫延,你就像玩漂流一样跟着漂就行了:"我们医院是柳阳历史最久的医院了,但发展最快的还是这几年。芬兰?我前年去欧洲旅游了一次,但没去芬兰,那可是福利国家啊。我读书时最喜欢的是足球,放学后经常踢到很晚才回家,现在踢不动了,只能看了。"

但要是碰上一位话不是很多的客户,销售代表就要费点心思找点话题了。

可以这样说。

小唐:刘处,您和儿童医院李处很熟吧?

刘处:是,我们认识好多年了。

小唐:李处说你们经常一起去钓鱼?你们常去哪里钓啊?

刘处:白云边,白云边水库。

小唐:真羡慕你们有这种闲情逸致。

也可以这样说。

小唐:刘处,桌上这是水仙花吧?看着感觉真清新。

刘处:水仙花不仅有观赏价值,它还有实用价值。

小唐:实用价值?当药?

刘处:它是有药用价值,但它还有较强的吸收废气污物的能力,在关着窗开着空调的房间里,它能吸收二氧化碳。所以,你不仅看着清新,而且心里也会感觉清新。

还可以这样说。

小唐：刘处，你看着不像天天坐办公室的，经常锻炼吧？

刘处：太忙，也没什么时间锻炼，就是喜欢走路。

小唐：我知道，现在很多人喜欢这个，健走。

刘处：我家到医院中间正好是一个公园，没特别的事我上下班就不开车了，早上走半小时上班，傍晚走半小时下班。

话题找得要随意自然，但看着随意其实不随意。所找的话题必须满足两个条件：和产品无关；令客户愉快。目的就是要达到一个轻松愉快的效果，这会为下面的销售洽谈营造一个良好的氛围。

比如，可以说说自己公司的广告。刘总："看过我们公司今年在《医疗器械》杂志上做的广告吧，就是一位男医生做手术太晚，都没时间换衣服，穿着手术衣就跑去和女朋友约会，女朋友还夸他：'这件手术衣不错呀，比西装还挺！'"刘总一听笑了："看过，够夸张的啊。"

北京一家广告公司的业务员来到某大乳业公司，该公司广告量很大，有专门的广告部。秘书带他走进广告总监的办公室。总监说："我刚从上海回来，有一堆事情要处理，你有事抓紧时间说。"沉着的销售代表并没有跟着对方的节奏，而是接着对方的话茬问了句："您刚从上海回来？觉得上海的广告人和北京的比起来怎么样？"这个问题正好击中对方的兴趣点，因为一直身在北京的总监这次去了上海，一定会有一些感受想抒发一下。于是总监开始谈起这几天的所见所思，转眼就把"抓紧时间"的要求忘了。

话题可以是客户个人方面的，爱好兴趣、家人情况等；也可以是客户公司或所在行业或所在城市方面的。为了有话题谈，事先还是要有所准备，听介绍人说说要见的客户的情况，看看客户单位的网站，到一个新城市见新客户，买两份当地报纸读一读，晚上在酒店房间里看看当地电视台的新闻，免得到见了客户时一下子找不到话题。

找的话题都必须是好事、好消息，可别上来就说："出口退税的政策上个月调整了，这下你们公司不是要多缴税了？"或者"你们柳阳市的柳水大桥怎么上个月塌了？死了四十四个人哪，真惨！"

闲聊时最好能勾起客户的谈兴，刘处对水仙情有独钟，谈起来如数家珍，那就让他谈，附和几句、赞叹几声即可，刘处会心情很好。可别打断他的话头，说起自己的挚爱——芍药如何如何。如果是这样，那销售代表就真的像婴儿一样不懂事了。最好是自己也对水仙有所了解，能和刘处一唱一和。所以销售代表最好是一个百事通、一个杂家，和谁都能谈起来；当然，做不到这点也没关系，可以临时抱佛脚。著名的职场小说《圈子圈套》中，销售代表主角事先知道客户技术总监喜欢明史，见对方之前把自己关在房里一星期，恶补明史。见面时明史成为他们交谈的主题，相谈甚欢，那位总监十分庆幸自己遇见了一位同好知音。这位销售代表主角可谓处心积虑、用心良苦。

★闲聊的目的是要迅速拉近双方的心理距离。

其实在一开始双方入座时就要动个心眼，尽量不要和对方隔着桌子坐，一起坐在沙发上，最好能并排坐。让自己放松，显得轻松自然。聊着聊着就要有意识地和对方接近距离。很多机智的小伙子和相识不久的女朋友说话时，说起女朋友父母，不说"你爸""你妈"，而是"咱爸""咱妈"，比如："咱爸身体挺好吧？""咱妈是不是上月又买了一条金项链？"销售代表也应该向他们学习，称呼客户公司一律说"咱们公司"："咱们公司现在的产品都出口到欧洲了吧？""咱们公司八年前就获得了ISO9000质量认证了吧？"神不知鬼不觉地双方关系就拉近了。还有，我们前面说到的销售代表小唐既然现在做手术衣销售，整天和医院打交道，那就不如说自己也是医生家庭出身，父亲是外科的（其实是电工）、母亲是儿科的（其实是会计），言谈中显出对医生生活满满的熟悉，这也会拉近双方的距离。用这些小技巧都是工作需要，无伤大雅，这在销售中叫"营造相似性"。一个软件公司的区域经理见了客户公司的副总，如果事先了解到对方是一线工人出身，那就可以说自己也是工人家庭出身，小的时候最喜欢的味道是汽油味，最擅长的事是修单车。一个消费性杂志的广告业务员要和5A广告公司的客户部谈合作，那就要把自己搞得满身"洋"味，西装、领带、中英文混说，这样对方才会把你看成是自己人。

如果在闲聊时能无伤大雅地自嘲一下，效果更佳，对方会马上对你心生好感。反过来，抓住机会就要赞美一下对方："刘处，您可别说，咱们医院的环境真不错，外面就是公园，里面的绿化也搞得好。""刘处，墙上的这幅画很好啊，很有现代感，是您选的吧？"

不要打探对方个人隐私："王经理，您一个月收入多少呢？"这种问法很不文明、很不礼貌。另外，一些销售代表在初见客户时心情有些紧张，不自觉地会有一些动作，像搓下巴、扳手指、捻领带、转笔杆，这些都要注意。还有的销售代表行为不检点，和客户谈的时候，看到桌上放着一些竞争对手的资料报价单之类，忍不住拿眼偷瞄，甚至趁客户去倒水的时候拿手翻动，这一定会引起客户很大反感。

闲聊可别太长，适可而止。一边聊一边看对方表情，看是不是该进入主题了。最好能"话递话"地转过来："刘处，说到跑步的统计数据，我今天带来了关于我们手术衣的一些统计数据。"或者"刘处，水仙既有外在的观赏价值也有内在的实用价值，我们的手术衣和水仙也有些像，面子里子都挺好。"当然，究竟什么时候结束闲聊，完全要具体问题具体掌握，有的客户很忙，上来就一句"有什么事，说吧"，那你直奔主题就行了。有的客户聊得起劲了，兴高采烈，那就不要扫了他的兴，让他说，说个痛快。

7 介绍公司，凸显实力

寒暄、闲聊几句，就该进入正题了。

★介绍公司。

小唐说道："刘处，芬迪做医疗器械120多年了，有30多个产品系列，科技含量很高，现在已销售到70多个国家。咱们柳阳一院是柳阳最大、最先进的医院，对医疗器械的要求会越来越高。所以今天我过来拜访刘处，就是看看能在什么方面协助一院，进一步提高一院医疗器械的水平。"小唐这番话有两个用意：一是介绍公司，二是说明能给客户提供什么方面的价值和帮助。社会是现实的，客户考虑的是你这个产品能给我的工作和生活带来什么样的帮助和提高；如果谈了一会儿客户在这方面没看出什么，就会兴味索然，觉得和这个销售代表谈话真是浪费时间。

听了小唐的介绍，刘处如果说："芬迪我知道，有名的大公司。你们以前都是在大城市大医院销售啊，现在也到我们这些三线城市来了？"这时小唐就要赶紧也抬一抬对方："我们柳阳这几年发展得可是很快，其实全国发展得都快，各家医院对医疗器械的要求也在迅速提高，所以现在芬迪的销售也是铺得很开。"

当然，并不是所有公司都是芬迪那样的大公司。如果你是健强运动器材公司的销售代表，来到广东销售，客户可能会说："健强？没听说过啊。"这也很正常，绝不说明客户对产品没兴趣，销售代表要沉着地解释："健强以前一直在北方做，去年开始进入南方市场。"别被客户一句话就说得慌了神。还可能出现这样的意外情况："健强？我一个也做健身房的朋友和我说，你们的心率检测仪有时会失效？"这种情况没什么大不了的，很多大公司也难免出一些质量问题，所以销售代表还是要沉住气，冷静地应对：

"我们刚进入湖东市场时，是四月份，空气非常潮湿，确实有一些跑步机的心率检测仪停止工作。然后我们马上对销往南方的跑步机上的心率检测仪进行防潮改进，以后就再也没发生过这个问题了。"

★上面小唐介绍公司的话，还有另一层用意：凸显公司实力。这是正式销售产品之前必做的一件事。

凸显公司实力的角度很多。可以强调公司规模：员工人数多少，产值多大，销售到多么广大的地区。强调公司背景：我们公司的老板是北京邮电大学博士研究生毕业，技术骨干都是北京邮电大学的博士、硕士研究生毕业；我们公司是美国著名运动器材公司盖力博在中国的合资公司，资金和技术实力都很雄厚。强调公司历史：我们公司是新中国成立后第一批自行车公司；我们这个丝绸公司是洋务运动时创立的；我们同心堂制药公司创建于十七世纪，已有三百多年历史了。有一个餐厅名字很长，大意是"始于1968年的江湾客家蒸鸡饭店"，直接把餐厅历史写在招牌上，突出实力。介绍公司的话不必多说，点到为止，否则有刻意炫耀之嫌；但不可不说，必须要让客户第一时间对我们重视起来。

凸显公司实力的另一种办法是介绍我们公司的成功例子。

比如海翔软件公司的销售代表到了柳阳一家很有名的连锁餐饮公司，做连锁火锅，现在发展到了好几个省，有150多家店。销售代表和对方财务经理谈起来。

销售代表说道："于经理，咱们'水里捞'发展可是够快的，这才几年功夫，都开了150多家店了。但是这对财务管理可是个不小的挑战哪。"

于经理说："可不是嘛，你懂我。"

销售代表接着说："我去年做的一家客户和咱们'水里捞'比较像，九天连锁酒店，当时我们和他们经过深入研究后，确定信息化的重点是五个字:'透视化管理'。"

于经理感兴趣了:"'透视化管理'?什么都看得见?说来听听。"

销售代表:"分店开多了,各个环节的管理难度加大,出现管理漏洞的概率就大,资金就会从各种漏洞流失,而总部还难以掌控。有了信息化,就可以采取两条措施:财务上集中管理,分销上矩阵管理。这样,总部就会对150多家分店的经营收支情况一目了然,就好像给管理穿上了透视装,资金就不容易流失了。"

又如海翔的销售代表来到柳阳一家陶瓷公司,和对方信息部经理交谈。

销售代表说:"我们上两个月一直在柳江市,给大远公司做信息化,他们花了120多万元呢。"

信息部经理有些好奇:"买些软件,需要花那么多钱吗?"

销售代表说:"我们和他们交流,他们的沈总说现在企业大了,靠人工真的是管不过来;他们的采购部经理姓毛,说采购计划都是靠经验,量一大起来就显得管理太粗了,有的材料都堆了好多还在购买,有的材料用完车间都来催了才跑出去订购;还有呢,磅房记录都是手抄的,外面送货进来的司机填写记录单时总找机会多报数字。所以他们下了狠心来个彻底的,买了我们12个模块的软件,把磅房、仓库、生产、质量、采购等全部用计算机联网管起来。我们派了六个工程师,做了两个月,现在看效果非常好,他们很满意。"

对这些成功例子,销售代表见客户之前就要准备好;有的例子是自己经历的,有的则是其他销售代表经历的,这都没关系,反正都是我们公司的成功案例。

一位财经杂志的广告总监朋友讲过他的一个成功秘籍。一般的财经杂志,登的都是一些大路货,而要获得内幕消息、独家新闻,非得下功夫不可,只有这样才能获得重磅财经新闻。这就像挖虫草、采燕窝一样,真正的好东西,不经过一番艰苦的努力是得不到的。他让手下的广告业务员出门见客时,有意识地在闲聊时,谈一些自己的杂志记者暗访时的精彩故事;客户爱听,听完会觉得这个杂志很敬业,对杂志的水准会看高一线。所以说不同公司的销售代表,可以想想如何根据自身特点来显示实力,还要对方喜欢听。

★既要凸显公司实力,也要显示自己对业务的熟悉,凸显自身实力。

比如有意识地使用一些专业名词,看到对方一时没明白,再赶紧解释一下:"噢,OCR 就是光学字符识别软件。"也可以"显摆"一下自己的资历,比如上面的销售代表讲述了那家陶瓷公司 120 万元做信息化的例子,对方听了点头称是:"嗯,有道理。你对陶瓷生产很熟啊,大学学的陶瓷?"销售代表就要赶紧凸显自身实力:"大学学的是计算机专业,但一直在陶瓷行业做业务,有五年多了。"显示自己经验丰富,而且是复合型人才,既懂软件,也懂陶瓷。

还可以显示对客户行业情况的熟悉。在前面我们说过要先摸透目标客户、熟悉他们的行业特点,现在就可以把这些知识拿出来用了。可以主动谈谈客户公司工作中的特点、难点:"磅房记录是不是总有漏洞?""是不是促销品老是不够用?"还可以讲讲别的公司发生的小场景、小故事。对方看到你对他们业务的情况很熟悉,就会信任你。就像老中医见了病人,不用病人自己介绍病情,望闻切问就能准确判断出病症,并对症下药。这凸显了老中医的水平。作为一个成熟的销售代表,关键是要把这种水平即时凸显出来,还要平滑自然、不露痕迹。

这一节我们讲述了三点:介绍公司,凸显公司实力,凸显自身实力。目的就是要在正式销售产品之前,先要激发起客户对自己的重视和信任。

第三章　问需求

在推销前期，先用各种方式询问客户的想法和需求，或是启发客户感受到问题和需求；做了这样的铺垫后，再开始介绍阐释产品。

1　SPIN 提问法

★闲聊了一会儿，轻松了气氛，也巧妙显露了自身实力，该干正事了。

这时很多销售代表喜欢直接就介绍产品，列举产品的优点："王经理，我介绍一下我们文曲星的产品吧，文曲星组合式文件柜的最大优点就是可以根据办公室的形状自由组合，您看，这是照片。""刘处，我现在就说说我们手术衣的五大特点。"这都不是好的做法。

乍一看销售代表卖的是产品，其实卖的是对客户某种需求的满足。比如销售代表卖的是太阳镜，但不同的客户需求各有不同，有的是为了耍酷，有的是为了遮挡阳光，有的是为了能在阳光下舒服睁眼而不长皱纹，还有的是因为经常被男朋友气得哭红双眼又不想别人看见。所以销售代表必须把满足客户需求而不是产品放在第一位。

销售是在说服别人，让对方从心理上接受我们，心甘情愿地购买我们的产品。上来就介绍产品，这是销售代表把自己放在了第一位，让客户听从我、服从我，结果很可能是适得其反，对方很可能不会听从，更不会服从，而是会产生抵触心理。所以，要让客户愿意听我们的话，就要把客户放在第一位。心理咨询师遇到夫妻关系不好心中郁闷的朋友，不会上来就是一通："你要想开点，你要往前看，要从积极的方面考虑问题。你老婆这么差的人，你当然应该马上和她离掉。你不会是怕再找不到老婆了吧？"应该是仔细地问问这位朋友到底是什么情况，他们夫妻间出了什么矛盾，这位朋友心里是怎么想的，为什么这么郁闷。总之，是把朋友放在第一位，询问了解朋友的情况，设身处地地为朋友着想，再给出自己的建议，这样，朋友接受起来就容易多了。

所以，销售代表应该先询问了解客户的情况，设身处地地为客户着想，然后从满足客户需求的角度提出自己的产品。不要生硬地劝服客户，客户只能自己劝自己，你的职责是理解客户关心的事情，像感觉自己的难题一样感觉客户的难题，站在客户的一边，以客户的角度看问题。多年前苏芮有一首叫《牵手》的歌就是"专门"唱给销售代表的："因为爱着你的爱，因为梦着你的梦，所以悲伤着你的悲伤，幸福着你的幸福……"

充分显露实力后下一个步骤就是询问，询问客户的情况和需求。有一个故事。

一只黄狗在横穿马路，其他的狗看到了有点好奇，狗老大就问身边的狗友："阿黄干嘛要过马路？"

甲说："找水。"

乙说："没看见对面有个市场？去找骨头呗。"

丙说："我看它的样子应该是吃饱了，现在天气又暖和，现在是要去找阿花。"

狗老大就很生气："你们怎么知道的？你们又不是阿黄，怎么就不能过去问一下呢？不问怎么能确定？"

这种询问又必须导向销售，销售代表是来销售的，不是来做社会调查的。所以这里的询问方式必须经过专门的设计，形成一个相对固定的套路，从而达到很好的销售效果，这方面最常用的，就是 SPIN 法。

★ SPIN 法的询问依次包括四个环节：

S（situation）：询问客户的基本情况。

P（problem）：在和所推销产品有关的大方面上，询问客户有什么困难和需求。

I（implication）：抓住其中某种和要推销产品有关的困难和需求，帮助客户分析这种困难和需求现在是不是给他带来很大困扰和麻烦。

N（need-payoff）：推荐自己某款产品，问客户这种性能的产品是否能解决上述困扰。

让我们看一个例子。

一位方便食品公司的销售代表在晚上八点，依约来到一家便利店，和老板交谈。

S：

销售代表：温老板，咱这家店开了很多年了吧？

温老板：二十多年了，你看旁边那些店，很多都换了好几个老板了，我这个店就是一直活到现在，还活得挺好。

销售代表：那都是因为您有头脑、有眼光。不说别的，店门前的灯箱就比别家大气，而且店内的灯光也够明亮，吸引力大啊！咱店食品的比例占多少啊？

温老板：六成多。最近几年周围白领越来越多，我现在就多进一些新潮的品种。

P：

销售代表：现在经营中的困难主要在哪里？

温老板：要说困难，房租在涨，员工工资也在涨，还有这几年麦当劳、肯德基以及别的快餐厅越开越多，搞得我们不少食品销量下降，像方便面、火腿肠、八宝粥之类，都卖得比过去少了。

I：

销售代表：那，这些快餐厅越开越多，对咱们店影响大不大？

温老板：唉，还是蛮大的，我现在每月销量能够稳中有升，但这样长远看是不行的，不进则退啊！我现在想开一个柜台，在早、晚餐时卖包子、花卷、粽子等。

销售代表：那不是要再多请人，而且这些食品做早餐还行，做晚餐那些白领不一定接受，晚上还是要吃好点。

温老板：你说的也是，但我总得想点办法啊。

N：

销售代表：包子、粽子或者方便面、火腿肠虽然快捷，但是太简单；如果有既快捷又味道营养不错的食品，你觉得怎样？

温老板：当然好了，所以那些年轻人就去麦当劳那些快餐厅喽。

销售代表：快餐厅有快餐厅的问题。麦当劳、肯德基味道环境好些，但价格也贵些；价格便宜的快餐厅，味道环境又不太好。来，看看我们"美味来"便当盒，这是照片，酸甜排骨饭、鱼香肉丝饭、红烧肉饭，真空包装。味道营养不错，价钱不贵，买回家微波炉热一下就行，快捷，在家里吃环境起码不差，怎么样？

温老板：嗯，让我仔细看看。

可以想到，上面这位销售代表见了各个客户都会是这一套问法。先谈基本情况，然后问需求、问困难，再后强化需求困难，最后提出解决之道。提问看似被动，其实主动，销售代表引导着对话。通过提问，牵着客户的鼻子，当然不是往沟里带，而是带上光明大道，带到我们要销售的产品那里。

下面我们逐个环节进行介绍。

第一个环节 S，询问客户的基本情况。这是一个开始，就像医生、心理咨询师，他们在开始时也都要问问病人的基本情况。问一些简单的问题，封闭式的问题，公司经营的范围啊、公司成立了多少年啊，销往什么地区啊，员工情况啊，等等。封闭式问题很容易回答，有一说一、有二说二，但能够把对方的注意力吸引到谈话中来，而销售代表可以一边问一边考虑从哪里切入。这个环节的问题不要多，问多了客户会不耐烦。

第二个环节 P，在和所推销产品相关的大方面上，询问客户有什么困难和需求。"您对财务部的结算速度满意吗？（要销售财务软件）""现在管理上面临的主要困难是什么？（要销售管理软件）""在办公效率方面您还希望在什么地方进一步提高？（要销售办公用品）""医生护士们对现在的手术衣有什么评价？（要销售手术衣）"这些问题是开放式的，对方可以展开思路，有多少答多少，从而有利于多了解一些客户的需求困难和想法。

第三个环节 I，在客户所说的上述困难和不满中捕捉到和自己推销的产品具体有关的方面，然后扩大化。如果仅仅是不满，客户的购买动机仍然不够强烈。俗话说，看热闹不怕事大；搞销售，也不怕把客户的不满搞大，最好把不满搞成痛苦。没有痛苦，就没有改变。前面问基本情况、问不满，是在找地方"扎针"；扎针的地方找到了，针也扎了，有了一个小口子，现在就要在口子上抹点"辣椒油"，让客户感到疼，越疼购买冲动就越强，销售代表要的就是这个效果。

常用的方法是：当客户告诉你和要推销的产品有关的某种困难或问题后，销售代表就要抓住不放，问后果："这个问题要是总得不到解决，会有什么后果呢？""这个问题会给咱们公司的生产带来什么影响呢？"如果对方对这个问题还没有意识，那销售代表该出手时就出手，亲自动手抹"辣椒油"，把严重后果说出来。

一位模具公司副总说到对仓库管理的精准度时有不满，说上次他就发现多买了一批铜材，金额是8000多元；这时销售代表就可以说："丁总，其实那种情况是经常发生的，我们测算过，只要一个星期内订单数超过三个，铜材作为基础材料就会超额采购；像咱们这样规模的模具公司，这种情况一年中要发生二十几次，单就这一项，一年中的资金积压就会超过20万元。"

一位银行总务经理说到对现在的文件柜时有不满："用了超过十年了，现在看式样陈旧了点。"销售代表就赶紧跟上："我很同意您的看法，这段时间柳阳市大大小小的银行我差不多都跑了，真别说，就数咱们银行的设施陈旧些；现在银行之间竞争这么大，这样的设施也影响咱们银行的形象。"

适度的夸大未尝不可，但始终是要有理有据、实事求是，可不要满嘴跑火车，不可过分。言语真实可信，是销售代表做人做事的基础。

也可以把以上三个环节比作烧开水。先问一般性问题，好比把水烧到十度、二十度；问不满、问需求，好比水烧到四五十度；扩大这些不满和需求，好比水烧到八九十度，马上就要开了。

第四个环节N，向客户表示：我们现在有一种怎样的产品，你觉得它的这种性能能否解决上述问题？比如："如果店里能出售一种快捷食品，比包子、花卷味道好，营养也好，店长您觉得怎样？"或者，如果柳阳一院刘处说，医生、护士们对现在的手术衣的意见主要在于洗完后皱巴巴的，看着难看，影响工作情绪，那销售代表就可以说："如果我们能提供一种洗完后无须烫熨就很挺括的手术衣，医生们不是会很欢迎？"总之，把前面客户的不满和需求引到我们的产品上来，或者说，把客户的问题需求和我们的产品挂起钩来。当然这种挂钩要自然妥帖、顺理成章。

打个比方，整个过程有点像晾衣服，问出客户的不满和需求，就像客户拿起了一件要晾的衣服；现在销售代表要从自己的产品系列中找一个产品推荐给客户，就像要找一个衣架，这个衣架的尺寸结构要合乎这件衣服的大小形状；这样，衣服就被顺利地晾了起来，客户高兴，销售代表也高兴。要很好地做到这一点，销售代表就要对自己的产品系列很熟悉，对自己产品的各种性能也都如数家珍，然后根据这个客户的特定需求，挑选出一款合适的产品推荐给客户，或者挑出一种恰好满足客户需求的性能介绍给对方。

所以，在SPIN方法中，我们将提示解决方案放在最后。不了解对方需求，就阐释产品的性能优点，那是漫无目标地"射击"，打不到"猎物"的。

以上是SPIN四个环节的具体做法，再举一个例子。

一位管理软件公司的销售代表来到一家电子元器件公司，它是为电脑公司生产配件的。销售代表开始时是和电子厂的办公室主任接洽的，进展得还不错，今天办公室主任就带着销售代表，来和姓徐的副总谈谈。

S：

销售代表问了电子厂的一些基本情况，徐副总有一搭没一搭地说着，并不是很上心。这时进来一个高个子男人，副总对销售代表说声对不起，得先处理一下，然后和来人到屋子另一边的沙发上坐下谈起来。办公室主任对销售代表说："那是销售部经理。"

P：

销售代表喝着茶，一边留神听着那边的对话，听到销售部经理说："徐总，这批货已经是第四次推迟了，我也是第四次向对方道歉了，我这张老脸已经赔得透支了，您这次说什么也得救我一把。"看来是真急了。徐副总沉着脸说："你的难处我知道，这样，我马上给二车间打电话，让他们从明天开始安排工人加班，连加五天，这次一定不能再误期了，就这样吧。"销售部经理点点头，愁眉不展地走出门。

副总回到销售代表这里："不好意思啊，一天到晚都是这些事，我这个副总，其实就是个救火员。"

销售代表心想，都不用我找问题，问题自己送上门来了："徐总，您客气了，像咱们这种为电脑公司生产配件的企业，管生产的老总一定是全厂最难最累的人。"销售代表这番话既表达了尊敬，也显示了自己对客户业务的熟悉。销售代表继续说："徐总，刚才那位同事是不是在为按时交货的事发愁啊？"

徐副总点起一颗烟，抽了一口，说道："可不是吗，他是销售经理，专门和电脑公司打交道，我们老是不能按时交货，他也很难做。"

销售代表："为什么按时交货这么难？对方订单太大我们生产跟不上？"

徐副总："我们的产能没问题，问题在于对方要么不订货，一订货就要得很紧，经常是一个星期就要我们交货。面对这样的订单，我们的人员调配、原材料供应、设备调试等准备不够的话，很难按时交货，只能靠工人加班。"

1:

销售代表心想，今天也不说别的了，就抓住这个口子突进去："徐总，我能问一下，我们的准时交货率是多少？"

徐总脸上有些不自然："每个月的情况都不同，平均地说，80%吧。"他把数字报高了些，给自己留些面子。

销售代表善解人意地说："这在电子厂里已经很不容易了，徐总一定是操碎了心。"看着徐总脸色好了些，销售代表马上又狠狠地再追一句，开始抹"辣椒油"："不过，20%的误期率，电脑公司肯定不满意吧？"

徐总的脸色又黑下去了，抽了口烟："是啊，他们是大爷，一不满意就骂娘；我们是骂了也不敢还口。"

销售代表还是那么善解人意："骂就让他们骂吧，只要继续给咱们下订单。"销售代表心里当然知道事情没那么简单。

徐总没说话，连抽了几口烟，然后说："事情没那么简单啊，恐怕电脑公司很快就有进一步行动了。"

销售代表:"进一步行动? 会是什么?"

徐总:"一是罚款,二是减少订单。我们的利润本来就不高,这样下去真是难办。"

销售代表:"那就只能靠让工人加班了。"

徐总:"是啊,所以这一年多工人加班可不少。"

面对愁眉苦脸的徐总,销售代表却没有什么怜悯之心,而是继续抹"辣椒油":"可是,工人的加班费也是一笔不小的开支啊。"

徐总不说话了,只是抽烟。看到气氛沉重,办公室主任开口了:"这个问题确实严重,我们也开过好几次会研究,看看采购、库管、生产等各部门能否更好地协调合作,但各个部门也都有自己的困难,解决起来确实不容易。"

P:

看着火候差不多了,销售代表开始把谈话往自己的产品方向带了。

销售代表:"徐总,如果按时交货的问题解决了,至少是部分解决了,比如准时交货率提高到95%,电脑公司是不是就对咱们很满意了?"

徐总还是那么的萎靡不振:"那是当然,只是难啊!"

销售代表开始灌输正能量:"要按时交货,关键在于人员调配、原材料供应、设备调试等几个方面要配合好。我们电子厂品种多、零配件多,靠人工协调确实不太可能做好。但如果能实施信息化,靠信息化来协调管理,效果真能提高上来,准时交货率达到95%并不是很难。"

徐总看着销售代表:"真的?"

销售代表没眨眼:"您放心,这方面我们海翔有充分的实施经验。这是我们的说明书,您看看。"销售代表把说明书拿给徐总,直接翻到第二页:"这里专门讲实施海翔软件后,给交货期带来的提升。"

徐总看着说明书,但对那些术语看不明白,就对办公室主任说:"这样,你牵头，带着这位海翔的专家，这几天和采购部、仓储部、生产部的经理们好好研究，看看采用海翔软件是不是能解决准时率的问题；有了结果，立刻向我汇报。"

在这个例子开始时，徐副总对销售代表并不上心，可是销售代表抓住了他上心的问题，不由自主地就跟着销售代表的思路走了。

我们说，在正式销售开始时，首先要使用SPIN法。在上面两个例子中，四个阶段一气呵成，不到一个小时，客户就已对我们的产品发生了兴趣。但也有很多时候，事情没有那么简单，可能要经过几次乃至多次谈话，才能走完四个阶段。那也没关系，一步一步来。其实，在这四阶段中，最重要的是P阶段，问需求、问不满；如果一下子走不完四个阶段，那就先把P这个阶段走充分了。

2　详细了解需求

上面说的SPIN法是导向产品推荐的一个组合式方法，很多时候可以一气呵成地使用；但对于复杂的产品，事情就没有那么简单，不可能一下打完这套组合拳，必须一步一步地来，首先要把P这个阶段做好。

★基本做法是尽量多了解客户的想法和需求。

看一个例子。

理想公司的销售代表丹丹获得重要情报：柳阳市税务局需要采购信息系统的服务器；经过一番努力，约到了该局信息部的丁主任。在一个阳光明媚的冬日下午，丹丹坐在丁主任宽大的办公室里，娓娓而谈。

丹丹：丁主任，我们理想公司的技术水平在国内是一流的，我们希望能成为柳阳市税务局的长期合作伙伴。我知道丁主任正在负责税务信息服务器的采购项目，我这次来主要就是想了解贵局税务信息系统的状况，了解贵局对服务器的要求。

丁主任：你们的消息很灵通啊，想了解什么呢？

丹丹：丁主任，咱们税务局的信息系统有几大模块？

丁主任：两个，一个办公系统，一个税务管理系统，这次采购的服务器是用在税务管理系统上。

丹丹：我早就听说咱们局的办公系统设计得很成功，相信这次对税务信息服务器的要求也会很高，您能具体说说要求是什么吗？

丁主任：最重要的是处理能力。我们要求服务器至少配备两个CPU，PCI总线的带宽133兆以上。

丹丹：你们这样要求，是基于什么考虑？

丁主任：现在我们的服务器每秒可以处理500笔操作，是能满足当前需要的；但我们的业务增长很快，估计一年以后就不行了，所以我们必须要采购新的服务器，要求它每秒能处理1000笔业务。

丹丹：除了处理能力，还有什么要求？

丁主任：可靠性。因为所有重要的数据都通过服务器存储在系统内，服务器的宕机或者数据的丢失都会带来很大的损失，因此服务器必须保证绝对的可靠。

丹丹：那怎样才能保证服务器的可靠性呢？

丁主任：首先，服务器必须支持双机系统；其次，服务器的电源、风扇要有冗余；最后，存储系统要采用磁盘阵列。

丹丹：关于磁盘阵列，您是倾向于内置式的，还是外置式的？

丁主任：外置式的，外置式的更可靠一些。

丹丹：丁主任，刚才您说了对处理能力和可靠性的要求，我感觉您领导的信息部专业性非常强，说实话，很少有客户的信息部有这样的专业水平。还有其他要求吗？

丁主任：那就是服务了，我们要求厂家必须在24小时内响应。

丹丹：大概就是这些要求？处理能力，可靠性，还有服务，其中最重要的是处理能力，是吗？

丁主任：就是这样的。

丹丹：好的，我都记下来了，回去后我们技术部会根据咱们局的这些要求开会研究，看看提供什么样配置的服务器，以充分满足这些需求。下次我会和我们的工程师一起来拜访您，好吗？

丁主任：好，到时候我叫上我们部的两个工程师，大家一起谈。

丹丹：太好了！哎，丁主任，我听说您是军人出身，没想到您这么精通IT技术，您是怎么做到的？

丁主任：喔，我以前在部队是在通信部门，那时就懂一些；后来进了税务局，自己一直学习，所以现在业务水平还可以吧。

丹丹：真让人佩服。好，那我告辞了。

在这个例子中，因为一个城市税务系统的服务器技术要求复杂，丹丹询问起来也就更要认真详细。对几个基本要求（处理能力、可靠性和服务）一一问道，无一遗漏。问了一个问题还要继续：还有吗？还有别的要求吗？当客户回答了以后，还要刨根问底，问到可靠性就要弄清对可靠性的具体要求，当丁主任说到磁盘阵列时就要追问：内置式还是外置式？只有通过这种全面的、刨根问底式的问法，才能把客户的需求、想法、动机等等一网打尽，全部收入心中；下一步才好对症下药，推荐最符合客户需要的产品。

我们还应知道，询问，不仅是要了解客户的情况和需求，还要通过这种询问力图在双方之间建立起一种互相信任的关系。这是一种情感的联系。业务代表提出的每一个问题，都暗示着对客户的兴趣。因此在大部分情况下，销售代表越多倾听客户的讲话，客户就越喜欢并信任销售代表，而喜欢和信任越多，销售成功的可能性就越高。人们如果仅仅是了解了产品，并不一定购买；但如果感觉自己的情况和想法被销售代表了解了，同时自己也了解了产品，那么购买的可能性会大大增加。

★有一些询问客户需求的具体方式。

其一，我们要想一想是问封闭式问题还是开放式问题。

封闭式问题的指向比较狭窄，回答起来也容易；在我们开始询问时，要用封闭式提问，这样客户不用费脑子就能回答，很放松地就随着你的问题进入到销售情景中来了。比如丹丹问到："丁主任，咱们税务局的信息系统有几大模块？"回答："两个，一个办公系统，一个税务管理系统。"还可以问"现在服务器的处理速度是多少？""现在服务器是用的国内的产品还是国外的？"如果是在向医院销售手术衣，则可以问："现在咱们每个医生配几件手术衣呢？""现在的手术衣是什么质地的？"

在询问中间，则需要更多地通过开放式问题去多多了解客户情况。这种问题给客户提供了广阔的回答空间。比如丹丹问："相信这次对服务器的要求会很高，您能具体说说要求是什么吗？"如果是手术衣则可以问："对现在的手术衣您哪些地方很满意，哪些地方不满意？""医生们希望手术衣最好是什么样的？""护士们的想法又是什么？"这时要鼓励客户多想、多说。

到了询问过程的最后，我们又要用封闭式问题，把前面谈的那么多问题小结、聚焦，使得这次谈话有一个简明的结论。比如丹丹问："大概就是这些要求？处理能力，可靠性，还有服务，其中最重要的是处理能力，是吗？"或者"从您的谈话看，不论是医生还是护士，最大的意见就是现在的手术衣太易起皱，天天烫太麻烦，不烫吧又皱得难看，对吧？"

其二，有时可以使用第三方问题。

有些时候，直接问客户如何如何，客户会一下子不知道如何回答；这可能是因为这位客户以前没想过这个问题，也可能是因为他一下子不知道怎么回答才合适。这时，把第三方放进问题中，效果不错。

比如身为柳阳一院的总务处长，要负责的问题很多，要采购的东西也很多，销售代表一下子问到手术衣的情况，他真的反应不过来。"刘处，医生们希望手术衣最好是什么样的？""啊？医生们的想法？这个……"看到刘处为难，销售代表马上换个第三方问题："我和不少医生聊过这个问题，他们有的说颜色太单一，都是白色的；有的说洗完后皱得难看；还有的嫌厚。咱们一院的医生有什么看法？"销售代表这是在用第三方给刘处做提示，刘处的思路这下跟上了："哦，我想起来，上次开会时，有医生说过，洗完后皱得难看。嗯，还有，那次会上麻醉科科长说起，现在天气干燥，担心手术衣摩擦生电，麻醉剂可是易燃品，万一起火可就是大事。"

又比如虽然身为税务局信息部主任，但丁主任对现在服务器的技术进展情况并不很清楚，当丹丹问道"贵局希望达到什么样的处理能力？"丁主任只能含糊地说："现在我们的 PCI 总线的带宽是 72 兆，每秒钟能处理 500 笔业务，新的服务器一定要有一个较大提高。"这时丹丹就可以用第三方问题进行引导了："我们上个月给柳阳市工商局提供的服务器，带宽达到 133 兆，您觉得如何？"丁主任一听很兴奋："哦，现在带宽能做到这么高了？那敢情好啊，差不多提高一倍了，我们也要求做到这样！"

还有的问题客户觉得不那么方便回答，这时第三方问题又可以派上用场。比如丹丹觉得谈话气氛不错，干脆更深入些："上次柳阳市工商局是下了决心，要一步到位，投资了 17.5 万元，直接上了带宽 133 兆的服务器，不知咱们局这次的投资力度如何？"丁主任犹豫了一下，果断地说道："只要效果出得来，资金不是问题。"这时如果直白地问，丁主任可能还要打打太极；可是拿旁边市的工商局一激，丁主任的实话就出来了。

其三，让客户感觉舒服的提问法。

在你提出一个个问题时，客户可能会感到你的关切、你的好奇、你的诚恳虚心，但如果方式不当，客户则会感到自己在受盘问，甚至受审问。所以要问得让对方舒服，不能让对方为难，感到紧张、受威胁。

为此，每个问题只能包含一个的内容，否则回答起来难度会明显加大。不要问："您对服务器的可靠性、处理能力和兼容性有什么要求？""您对现在的手术衣有什么看法？对要采购的新手术衣有什么想法？"客户一听头就会痛，可能会敷衍了事，草草应付几句，而且心里不爽快。所以不要着急，一个问题一个问题来，不要让客户伤脑筋。

把节奏放慢一些，提出一个问题后，对方没有马上回答，等上几秒钟，让对方想一想。不要逼得太紧，问了以后看对方没回答，又赶紧说："我的意思是……"或者"这个问题您是不是没考虑过？那我换个问题吧。"当客户回答了问题，你也不要马上就提下一个问题；沉默几秒钟，自己在本子上记一下，或者在头脑中思考一下刚才客户的话。总之，这样做的目的都是要放缓节奏。要知道，你们谈的可是几万、几十万的大生意，双方要静下心来，多一些思考，心急浮躁是没有好处的。

提问是一种沟通，而沟通有可能不畅，如果不畅，把责任往自己身上揽，这样客户就舒服了。不要问："您明白我的意思吗？"这话听着是在怀疑客户的智商。应该问："是不是我的问题表达得不清楚？"这就是一种低调谦逊的态度，客户会对你产生好感。也不要问："您为什么会认为外置式的更可靠呢？"这话听着是在质疑客户的专业水平。应该问："您认为外置式更可靠，主要从什么角度考虑的？"这就是一种虚心求教的态度，客户容易接受。

其四，剥笋式提问。

为了深入了解客户想法，可以抓住一个话题一路深入下去，这就是所谓剥笋式提问。比如上面丹丹与丁主任的对话中，丹丹曾一路剥下去："除了处理能力，还有什么要求？"→"可靠性。"→"怎样保证可靠性？"→"双机系统，还有磁盘阵列。"→"磁盘阵列是用内置式的还是外置式的？"→"外置式的。"这就像剥竹笋一样，能了解到客户更深层的想法；剥到最后，客户最核心的想法就被剥出来了。

其五，验证式提问。

最后，为了更明确了解客户想法，可以使用验证式提问。比如前面丹丹问道："大概就是这些要求？处理能力，可靠性，还有服务，其中最重要的是处理能力，是吗？"这种问题其实是对前面谈话的小结。前面谈的，有些是客户自己有明确想法的，有些是经过销售代表提示引导想出来的，现在，要通过验证式提问，加以明确和小结，聚焦到几点上，这样在后面的产品阐释时才有针对性。

还有，刘处说了麻醉科科长对摩擦生电有担心，销售代表在谈话快结束时再验证一下："您刚才说对摩擦生电有担心，对吧？"销售代表为什么最后要问这个问题而不问别的问题呢？因为后面我们要推荐的手术衣正可以防止静电，销售代表此时其实是想强调一下，为后面的产品阐释埋一个伏笔。

以上列举了询问客户的五种方式；反过来，问完了就要听。客户说的话对于销售代表都是非常重要的，所以销售代表要认真仔细地听，捕捉客户的信息；同时，还要让客户感觉到自己的专心，这和提问一样，都会拉近双方心理距离，加强双方的信任。要做到这些，也有技巧。

其一，在自己的内心，必须要求自己对对方的话感兴趣，不管你是不是真的感兴趣。就像一位正减肥的女孩，即使很喜欢吃肉而不喜欢白菜，也必须不吃肉而多吃白菜。集中注意力，听客户说话。一边听一边大脑快速转动，把握对方的主要观点，分辨对方的真实意图，记住话中对自己有利和不利的方面。

其二，把自己的专心倾听表现得明明白白。客户正说着，就不要打断他，让他说。客户说的时候，不时点点头，表示赞成、欣赏客户的话。要有回应："是的""对""我明白"；同时配以微笑。眼神交流，表示自己正全神贯注地听着呢。身体前倾，正面对着客户。神情专注而又放松，显示自己很享受这种谈话。有时，也可以皱皱眉，那表示自己在思考客户的话。试问，这样专心虚心的听众，谁不喜欢？

客户说话如果有点卡，思路没有清晰起来，那就要给以鼓励："您说得很好，还有呢？""啊，原来是这样！医生们还有什么看法？"如果客户的某个词你没听明白，可以果断要求澄清："您说的26%是指的什么？"客户会喜欢你这种认真的态度，你的态度表明客户说的每一个字你都要听进去。当客户说完了一大段后，可以表达一下同感，表达一下自己类似的体验，这就有了一唱一和的气氛。

总之，既要做一个很好的提问者，也要做一个很棒的聆听者，这是相辅相成的两面。在推销的这个阶段，要多听少说。美国有一位杰出的保险业务员，叫 Joe Gandolfo，他的办公室墙上贴着一条标语："上帝赋予我们两只耳朵、一张嘴，就是要求我们听的比说的多一倍。"他认为，大多数销售代表最大问题就是自己说得太多。他的经验是当客户说完后，自己在心里数到5，对方还没说话自己才说；而很多销售代表仅仅因为客户停了一下，就开始自己说，那会打断客户思路，甚至可能冒犯客户。他给业务员的忠告是：一个人的说话声对他来说是世界上最美的声音，因此，当客户想说时就让他说。如果你不认真听客户说话，客户永远不会对你感兴趣。

话又说回来，这位杰出业务员的观点也有片面性。销售代表也不能从头到尾就是以聆听为主，听多说少仅仅是在本阶段，在推销的上半场；到后面,到推销的下半场,那销售代表就要唱主角了。

★ 如果我们要销售的是一个复杂的产品,涉及客户公司的很多方面,比如某些大型的生产设备,或者某种运用在整个公司的管理信息系统;因为涉及的人多,这时对于客户需求就不是询问那么简单了。

现在,询问升级为全面询问,升级为调查乃至调研。这和看病是一个道理,小病的话,问几句就可以开药了;但若是大病,就要做一系列的检查化验才行。

对于这种大型、复杂的产品,和客户负责人前期接触时,先简单问问对方公司的情况,然后提出调研请求,希望对方同意并积极支持和配合。调研是免费的,如果最后对方没有选择我们也没关系,就当交个朋友。双方要签一个意向书,因为不发生费用,所以基本上是一些"虚条款",只是一个意向:"大山钢铁公司将与大海软件公司合作,开展信息化规划和实施工作,前期将请大海软件公司进行需求调研,为后续工作打好基础。"有了这份意向书,销售代表就可以回公司申请更多人手前来调研,然后可以名正言顺、理直气壮地进入客户公司内部,四处了解客户公司各部门、各色人物的需求和想法。

在正式出发去调研之前,先发一份调研规划和方案给客户公司,包括调研的时间、业务范围、问题、部门、人员、目标等等。方案要正规、严谨,把我们的专业水准充分展露出来,以激发起对方公司人员对此次调研的重视,事先对问题做一些准备。方案中还要强调客户相关人员要积极配合,保证调查时间。还要求客户公司为此次合作指定一位项目经理,全程参与调研,这位项目经理应该既熟悉客户公司的钢铁业务,也具有一定的IT知识。

调研需要几天的时间,派去的人少则两三个,多则六七个,或分别去到客户公司的企管部、财务部、仓库、各分厂车间。面对各个部门的问题各不相同，涉及工作内容、业务特点、工作障碍、和其他部门的协调等各个方面。因为询问的人比较多，花在每个人身上的时间就不能多，对每个人就问三个问题，时间控制在二三十分钟。先表明来意："大山钢铁公司要和我们大海软件公司合作搞信息化，先请我们来做一次调研，感谢您在百忙之中过来支持我们的工作。"询问中重点当然是："能不能说说工作中您感觉最困难的地方？"问完了问题，还可以要求对方提供一些本部门的资料和表单，以便回去仔细研究。

还有，调研并不只是了解客户各种人员的需求那么简单，销售代表还要有意识地在调研过程中给这些未来的使用者们留下专业、认真、踏实等美好印象，赢得他们的认同乃至支持，形成广泛的群众呼声，以影响客户领导者的决策。很多受调查者在说出工作中的最大困难后，都会反问一句："这个问题你们能解决吗？"调研者肯定地说："我们对这个问题有成熟的解决方案。"受调查者就很兴奋："真的？那太好了，就用你们的！"调研者这时就会巧妙地说："这话您得跟你们领导说才行啊。"这样对我们有利的舆论导向就形成了。从这个角度说，调研也是公关。

这样一种全面的调研诊断，很多客户公司自己以前都没有做过；这种调研确实能发现很多问题。所以在各种询问结束后，我们要汇总整理，然后提出一份关于总体需求和问题的报告给客户领导层，这本身就已经是为客户做了一件有价值的实事了。当然，最重要的是，这份报告为下一步对客户的产品阐释打下了坚实的基础。

浙江省曾经在全省中小学推广多媒体教学，由省教育厅牵头。为了得到这个大项目，北京一家公司派出了12个调研小组，每组4个人，包括一名市场人员、一名技术人员、一名老销售、一名新销售。这12个小组分别去到省内的12个地级市，要求他们在每个市要调研6所学校，包括三类：实验中小学、乡镇中小学和农村中小学。对每所学校都要有一个调研报告，发到公司总部，最后形成一份总调研报告。拿到总报告后，再由公司副总出面，去和省教育厅洽谈。

3 启发客户感受到问题和需求

前面说的"SPIN 法"和"详细了解需求"，都是通过询问，了解到客户现存的问题和不满；有了问题和不满，就有了消除它们的需求。这就是我们在推销第一阶段要做的工作：了解客户的问题和需求，同时也让客户自己强烈感受到这种问题和需求。

可是，并不是每个客户都对自己公司现存的问题很清楚，即使销售代表都问到表面的问题上了，客户还是懵懂茫然："你问我这方面存在什么问题？有什么不满？没有啊，我们挺好的。"总之，客户认为现在公司情况挺好，自己挺满意，不需要再花钱添置什么项目。

面对这些情况，销售代表的座右铭是：客户有不满，我们要推销；客户没有不满，启发出不满，也要推销。

★如果客户对自己公司现存问题不清楚，怎么办？

第一，可以用其他公司的情况敲打客户。

比如："上个月我在柳阳联通，他们总务部的人和我说，有的办公室增加了人员，或者做了其他格局调整，结果原来的文件柜就不好摆放了，不知咱们公司有没有这种情况？"如果销售代表一直做的是同一类型的客户，他们一定会有一些"共性难题"，现在就可以把它们拿出来说说，旁敲侧击一下。一位管理软件的销售代表主攻电子企业，他就总结了客户们经常遇到的三个问题：经常不能按时交货，结果总是被罚款；采购元器件时，经常是该买的没买，不该买的买了一堆；工艺经常调整导致工人的计件工资标准也需要经常调整。在见电子行业客户时，如果客户自我感觉十分良好，这位销售代表就可以从这三个方面提问。

再看一个例子。

客户公司的丁副总说："你问我仓库管理中有什么问题？问题当然有，但总的来说还可以吧，没什么大问题。"

销售代表一听，副总工作繁忙，这么回答也很正常，但这不是他想听的话，于是进一步启发："丁总，上个月我们给柳阳市的大河钢铁公司做实施，在他们的仓管人员那里了解到一个情况。有一次铸造车间根据维修计划决定购买50个阀门，货进了仓库。这时铸造车间才发现买多了，工作人员领走了40个，多余的10个留在了仓库里。这样的情况经常发生，但问题出现了。原来，仓库里有以前多采购的15个阀门，这样一来仓库里就多出了25个。宝贵的资金就这样被积压、浪费了，原因就在于仓库盘点工作不及时。可这也难怪，几千种配件呢，靠人工管理，难！"

丁总听了，眉头慢慢皱起来了，沉默不语。销售代表看着有效果了，就也不说话，让丁总自己想。过了一会儿，丁总开口了："我们公司也有这种情况。"

销售代表问："咱们大山公司有多少配件？"

"六七千种吧。"

销售代表就意味深长地说："那，这方面的资金积压就不是个小数了。"

第二，可以用自己的调查引导客户。

客户自我感觉良好，认为没什么问题，也就不会同意销售代表进公司做调研；如此一来，销售代表就只能看着客户干着急，无从下手。但是，客户不让调查，销售代表可以自己想办法调查。

一位男装公司的业务员想打入某个大商场，先问商场服装部经理："对现状有没有什么不满意的地方？"经理说："没什么呀，现在服装部销售很好啊。"业务员不气馁，自己做调查，用自己的眼睛去寻找客户的问题。

过了几天，业务员又来拜访服装部经理了："吴经理，我在服装部看了几天，感觉经营水平确实高，学到了不少东西；可是，有一个地方我想和您说说。"

"请讲。"

"您的男装部品牌汇聚，客人可以充分挑选，但大多是西装和夹克。如果天气再冷些，就只有少量的呢子大衣和羽绒服可选了。"

"呢子大衣和羽绒服有什么不好吗？"

"当然有很多人会选这两种，可是，对于那些更讲究仪表风度的男士来说，呢子大衣显得老套些，羽绒服又臃肿了些。咱们这里卖的西装夹克，都是牌子货，吸引来的客人，都是蛮在意自身形象的，他们一定会发现，想在这里买到合适的天冷时的外衣，不是很容易。"

闻听此言，经理想一想，确实有道理："那么，你的意思是？"

业务员直奔主题："现在天气看着就转冷了，我觉得咱们男装部得进一些西式大衣。"

拜访客户前几天，业务员为了发现客户问题，整天地在他们的男装专柜转，终于发现了西式大衣这个现存问题。其实西式大衣在业务员的男装公司也不算重要品种，但现在要以它为突破口。业务员的思路是：先指出男装部缺西式大衣的问题，然后通过销售西式大衣进入男装部，建立起自己的柜台，再后卖其他品种的男装。果然，他成功了。

再看一个例子。

捷科是一家美国公司，专做智能化城市交通管理，派出销售代表来到北京市交通管理局，希望能采购运用他们的交通管理系统，当然，价格也很高；北京局的领导一直不置可否。于是，捷科销售代表通过各种途径，了解北京目前的交通状况，最终形成了一份调查报告，递交给了局领导，局领导看了报告后，终于引起了重视。报告要点如下：

在十五期间，北京市交通管理局取得了飞速发展，北京的汽车保有量在这五年中翻了三番，但交通管理队伍却增长缓慢，管理滞后。第一，交通拥堵已成为北京城市管理中的顽疾，由于管理不到位，司机违章驾驶较多，加剧了拥堵局面。第二，恶性交通事故频发，全市去年发生560余起交通肇事，但有352例至今尚未抓获。第三，交通罚款流失。北京目前拥有汽车230万辆，按国外管理完善的大城市统计，保守估计每车每年违章三次，每次罚款200元，每年应有14亿元的罚款，但目前只有7亿元。第四，交警80%的时间用于监控路面，呼吸污染的空气，对健康造成严重损害。面对以上种种问题，实施电子化交通管理可谓大势所趋。

销售代表们不要以为客户领导对自己公司的问题都很清楚，销售代表要有一种主人翁的态度，去主动了解客户单位的情况。一旦发现了和要推销产品有关的问题，突破口就找到了。

第三，可以用自己的分析启发客户。

销售代表把自己放在客户的位置上，思考客户在当前情势下，会有什么近忧，又会有什么远虑。如果思考出了结果，那就是很好的敲门砖。

柳阳市一家广告公司承包了《柳阳晚报》一个整版的广告版面。至于广告内容，这家广告公司并不是只刊登几个大广告；相反，全是豆腐块大小的广告，分为招聘、家政、培训、小商品批发、电影、健身等类别，这种版面不叫广告版，而叫商业信息版。一个整版上有两三百个小广告，每个小广告只收费两三百元，但广告总额可不小。这家广告公司的老板锐意进取，生意红红火火，晚报就凭这一项每月妥妥地收进一大笔承包费。可是一家欢喜就会有一家眼红，现在《柳阳晨报》就眼红了，企图让这家广告公司也到自己这儿来包版，就派了一个精明强干的业务员去游说广告公司的姚总。但姚总表示现在公司经营状态很好，可以说是公司成立以来最好的时期，不想节外生枝考虑别的做法。这时晨报的业务员抛出了考虑已久的说辞：

贵公司现在确实做得风生水起，和晚报捆绑紧密一荣俱荣；但两家真的是平等的伙伴关系吗？本来晚报没有商业信息版，现在贵公司把它从无到有地做出来了。这相当于晚报是"地主"，贵公司是"打工仔"，承包了"地主"的一片荒地，一番辛苦后荒地变成了良田，"地主"和"打工仔"都大赚一笔。但是，地始终是地主的。两年后你们的承包合同到期，再谈新合同时就有了很多变数。谈得好，皆大欢喜；谈得要是不好呢，走人的只能是广告公司，版面可还是晚报的。那时晚报的商业信息版已是家喻户晓，再招一家广告公司来做绝非难事，可是贵公司就被动了。

一番话说得姚总沉默不语。见此，业务员明白，刚才这套居安思危的演说成功了，于是继续说道："我的建议，贵公司应该未雨绸缪，就是在现在形势很好的情况下，也要多做一手。姚总可以考虑也在晨报包商业信息版。我们晨报虽然历史比晚报短，但现在发展势头很好，一旦姚总也做了晨报的包版，晚报就会心怀忌惮，不敢轻举妄动。在这种三家制衡的格局中，姚总的地位会牢固很多。"

这位销售代表的所作所为，目的当然是为了让广告公司在自己的晨报包广告版。但他没有从自己的晨报发行量如何、社会影响如何的角度来切入，完全是站在对方的立场，为对方的远虑近忧考虑，这才是销售高手，这样才能说服客户。姚总就这样被他征服了。

在这里，销售代表要真诚，否则容易弄巧成拙。要启发出客户对现状的不满，让客户意识到问题，要有理有据，发扬实事求是的作风。

应该说，问出客户的问题比较容易，但启发出客户的不满则比较困难；这需要销售代表对客户的情况要熟悉，还要开动脑筋思考和分析。

★**如果不仅客户没觉得现在有什么问题，而且销售代表也没有看出问题来，那又怎么办?**

可以用更加美好的前景，去诱惑他。

猪八戒本来在高老庄住着，做他的上门女婿，过得很滋润。这时观音菩萨前来，给他指明了一条光明前途：跟着唐僧去取经；取经成功后，可以得道成仙，长生不老。质朴的八戒经不起如此诱惑，毅然舍弃高老庄的幸福生活，随唐僧悟空踏上了艰辛的漫漫取经路。

一些有心机的销售代表的公文包里，会放着一本"成功案例集"；和客户交谈时，如果发现对方对现状很满意，就把自己准备好的例子拿出来："咱们衡山模具公司的资金周转率达到了 6.2？真的不错。但是，这个水平现在来看不算先进了。您看，这是泰山模具公司实施信息化后的评估报告，他们达到 8.7 了；华山模具公司更厉害，去年达到了 12.2。可以看出，实施信息化的效果是很明显的。"这么一来，本来自我感觉良好的衡山公司的副总，心理一下失衡了。这就是销售代表要的效果。事实上，能做到公司领导位置的人，性格中都有争强好胜的一面；对他们"响锣不用重敲"，稍微刺激一下，就有了进一步提升的动力。

海翔管理软件公司的销售代表海子，到柳阳市一家大型餐饮集团公司，约到公司经营部柳部长洽谈。问到集团公司目前存在什么问题，柳部长说没有，在信息化方面想不起来有什么可说的，海子有点头大。

突然，他想起对方是一家"集团公司"，于是说："集团公司家大业大，管理起来也不容易。"

柳部长微笑着说："那是，但我们集团也成立了八年多了，现在也摸索出来不少经验。"

海子可不想听经验，说道："咱们集团实力雄厚，是柳阳的金字招牌，发展前景不可限量。根据我的经验，凡是集团公司，在集中化管理方面都有很大的提升空间，不知柳部长的看法如何？"

柳部长回应道："你说得很对，我们的确是想加强集中化管理。"

海子这时感觉找对了路子，追问道："如果总部能把每个店的账目都直接管起来，把采购和仓库的报表都联到一个即时系统中，那整体管理效率就会提高很多。总部可以及时掌握、分析各店成本利润情况，连每道菜的情况都能掌握，然后做出指示、采取措施。"

听到这里，柳部长有些兴奋了："哦？可以做到这样？那我们真的是要尝试一下。这样吧，你回公司根据我们餐饮集团的情况做一个产品方案，然后我们再好好合计。最好能结合菜品的材料消耗定额，还要考虑菜品折扣和免单情况，对每道菜、每个桌、每个店进行毛利分析。"海子听了，虽然又有点头大，但这是一种愉快的"负担"：业务出现了曙光。

★销售代表第一次见客户，如果了解到客户的问题和需求，也让客户对自己的问题和需求有了意识，目的就达到了，就可以告辞了，不要等到客户不耐烦、下逐客令了才走。下面的事情以后再谈。一般来说，复杂产品的推销，不可能一蹴而就，毕其功于一役；饭要一口一口地吃，推销要一步一步地做。

但是，在初次见面结束时，就要相约下一次的见面。不要过几天再打电话约。打铁要趁热，刚才说得挺热闹，客户的情绪也被调动起来，可是要过几天再打电话去约，客户的脑子里又被其他东西占据了，很可能会说："啊，对，你就是上次来谈手术衣的业务代表，我想想，小唐对吧？带样品过来看看？哦，不着急，我这段太忙，过段时间再约吧。"这样工作进展就会磕磕绊绊。所以，在初次见面结束时，就相约下一次。就像一对徘徊在街头正热恋的情侣，在天色已经很晚不得不分手时，起码男方要提议下次见面的时间。

不要空泛地提议："丁主任，那今天就先到这里，我下周二再过来拜访，好吗？"要有具体内容："丁主任，今天了解到贵局对服务器的三个要求，我回去后会和工程师们讨论，下周二我把推荐的服务器材料带来，做一个产品阐释，好吗？"或者说："王社长，我明白了，这次《柳阳晚报》的采购，主要是笔记本电脑，对性能的要求我也都记下来了。这样，三天后，也就是周四下午，我会把我们公司笔记本电脑的详细材料和样机带来，到时候我们再谈，好吗？怎么，周四下午您没时间？那就周五好吗？周五上午九点半。"

不仅是询问完客户需求后要相约下一次；在推销的全过程中，每次和客户见面，临近结束时都要相约下一次，为下次见面找一个内容。这样一来，进展就快了，效率就高了。

和客户的交流是个过程，销售代表要把握节奏和火候。在初期，说的都是台面的话，以后相互熟悉了，可以说一些交心的话。有些话时机不成熟就先说出口，对方会觉得你办事不稳重。还有，在办公室里说的话都必须是光明正大的话，不要窃窃私语，那些点评攻击竞争对手或者许诺的话留到私下场合去说。当然，如果在私下场合还是和客户说些光明正大的话，那么销售代表和客户的关系永远无法深入。

4　帮客户确定采购标准

询问或者启发出客户需求后，客户肯定要买某方面的产品了，这时不要急着介绍我们的产品，而是再引导客户一下，帮客户确定采购标准。

一位男士看上了年轻漂亮的女同事，但他不露声色，在同事关系的范畴内和那位女同事相处着。然而他发现，最近一个四十来岁开奔驰的男子在追那女女同事，再偷偷地观察她，还好她平时表现得很平静。男士心中紧张，终于有个晚上加班的机会，加完班九点多他约她进肯德基吃夜宵，在浓浓的香味中男士开始做对方的思想工作。

男士：有男朋友了吧？

女士否认：哪有，工作这么忙，都没时间见人。

男士：你没时间别人有时间，好些人追吧？看上谁没有？

女士和男士平时走得比较近，关系也不错，现在对方这样问，就叹口气：确实有人。

男士心中一紧，表面仍然轻松：你怎么想嘛？

女士摇摇头：我也不知道，真的，有的看着不错，但又没有多大感觉。

男士稍稍放点心，开始引导：找老公是终身大事，的确要考虑清楚。最好是物质条件丰厚，又年轻帅气，和你有共同语言，情投意合。但我们看问题要清醒、要现实，和你情投意合的年轻人一般事业刚起步，物质上不会很好，而事业有成的男人基本都是中年了。

女士点点头表示同意：那你觉得该怎么办呢？

男士暗暗吸口气，镇定地说道：我觉得要全面考虑问题，两头都要顾及。年轻帅气当然要，两人以后朝夕相处，要是男的年纪大个十来岁，不仅看着不养眼，而且共同语言也少，日子过得不会舒服。但物质上男方条件也不能差，现在能有个中上水平，而且踏实肯干，以后有发展、有前途。我要是你，我就会这样来选男朋友。

女士沉吟不语，若有所思。

男士心中忐忑，再加一把力：真要找一个中年多金的，虽然马上能过上轻松生活，但你要面对他复杂的家庭关系，那一定也很累。

女士看着男士：你刚才说的两头顾理论有些道理。

一个月后，两位正式成为男女朋友。

男士在推介自己、追求对方之前，先给女士灌输了一个两头顾理论，这是一个选择男友的标准，相当于客户的采购标准。这个标准看似从女方角度出发，所以女方容易接受；但很大程度上是按照这个男士自己的情况介绍的，只要女士接受了这个标准，就有很大机会接受这个男士。

售楼代表卖房子也是这样。见到一个客户进了销售中心，先询问客户家里的情况，问问客户的需求，然后替客户建立购房标准，要设身处地为客户着想。第一，你既然是在我们这个城市内上班，一定要买市区的房子，不能买郊区的。要不然你们夫妻俩上班要花很多时间，老人生病又要跑进城里来，孩子想在城里的学校读书也很麻烦。我一个朋友在郊区买了房，孩子在市里读初中，结果一家人又到市里租房住，郊区的房就空着。第二，城里居住的一大缺点是空气不好，所以最好选一个旁边树林多的楼盘。说完这两个标准后，售楼代表才开始介绍自己的楼盘，拿楼书给客户看。当然客户不会马上做决定，他还要货比三家，甚至货比十家。但这个标准客户觉得很有道理，记在了脑子里；绕了一圈下来，结果发现还是最初这家最符合这两个标准。

所以，当销售代表询问了客户需求后，就要帮他们建立采购标准，如果客户采纳了销售代表的意见，把其中的一些内容直接放进了招标书中，那就意味着推销有了很大进展。

分享一个付遥在《成功销售的8种武器：大客户销售策略》中写的案例。

某报社要采购一批笔记本电脑，戴尔电脑销售代表经过一番努力，给报社负责人灌输了很多采购标准，最后定出的招标书，其中关键部分是这样的：

要求　　　　　　指标

配置　　　　　　CPU 主频 950MHz（850MHz）

　　　　　　　　内存 128MB

　　　　　　　　硬盘 20GB（10GB）

	屏幕 15.1 寸（14.1 寸）
售后服务	7×24 小时的电话技术支持
	第二天上门服务（24 小时响应客户服务要求）
美观、轻、薄	轻于 2.6 千克（轻于 2.4 千克）
调制解调器	配置 56K 调制解调器卡（内置 56K 调制解调器）

上面的内容中，括号部分没有写进招标书，是竞争对手的情况。有些指标戴尔比较强，那么指标就定得高些，比如 CPU 主频、硬盘和屏幕；有些指标戴尔弱些，那就定得低些，比如售后服务，戴尔只能第二天才上门，在轻、薄方面戴尔更重些，为 2.6 千克，要是被竞争对手占了先机，定为 2.4 千克的指标，戴尔直接就出局了。总之，招标书这样一写，所有指标戴尔都能满足，而有些竞争对手因为不能满足某些指标要求，推销还没开始就已经结束了。

推销要成功，就要和客户想到一起，所谓心往一处想。客户买东西，首先要有需求，接着会对要买的东西有个想法，洗发水需要去头屑的，空调必须绝对静音（自己神经衰弱），然后按照这个想法去选择产品，这个想法就是采购标准。明白了客户的心理，销售代表就要按着客户心理走，客户若是心中已经有了标准，那就问问是什么标准；若是还没有明确标准，那就启发他建立标准。当然这种启发一定是"别有用心"的，即便如此，但因为是按着客户心理走，所以客户还是易于接受。

第四章　说产品

询问了解了客户的需求和想法，就要阐释产品，从而说服客户购买，这是推销的中心环节。

1　阐释产品的两个基本角度

阐释产品的方式有很多，从什么角度阐释产品？

★从解决客户问题、满足客户需求的角度阐释产品。

经过一番努力，了解到令客户头痛的问题、知道了客户的需求和希望，现在就依照这些问题、需求和希望，开始阐释我们的产品。这样阐释产品，客户听得进去。

好的理发师，不会上来就剪；而是会先问问你的职业，问问你对自己发型的想法，问问你希望自己是一个什么样的形象，再端详你的脸型头型，理发师做到心中有数了，然后才为你设定一种发型，开始剪发。

很多销售代表在向客户阐释产品时，会面面俱到，把主要功能都介绍出来，意在显示产品功能的强大、全面，阐释的重点在"面"上。这并不是一个好的做法。介绍的方面多、介绍的时间长，客户的注意力就逐渐地集中不起来，更是难以体会到这些功能和自己有多少切身关系。销售代表销售的都是复杂产品，功能多，但在产品阐释时，要把重点放在"点"上；"面"也不能忽视，但不必花很多时间，不必讲述得非常具体、详细；重点放在某一个，或者某几个"点"上，而对"点"的选择，正是基于前面对客户问题、需求和希望的了解、分析和判断。

当销售代表向客户阐释产品时，就应该这样做：

如果便利店的老板感觉现在受肯德基等快餐店冲击很大，那么销售代表就要侧重描述自己的真空包装便当在这方面能如何帮助便利店；如果电子元器件厂家认为最伤脑筋的就是总不能按时交货，那么销售代表就要侧重描述自己的管理软件能如何提高准时率；如果税务局丁主任表示对服务器的要求是处理能力、可靠性和服务，那么销售代表就在这三方面突出自己公司的服务器；如果那家大商场服装部经理也认为现在本部缺少西式大衣，那么销售代表就要强调自己的西式大衣质量如何地好。就像按摩，找到了痛点、疲劳点，你就知道该往哪儿用力了，地方找对了，用力猛一些也无妨。

一个大型家电企业进行产品数据管理项目的招标，海翔公司面对的竞争形势不容乐观。现在一家国外的供应商是最主要的竞争对手，它是国际著名品牌，产品功能非常全面而且强大，甚至在价格上也有和国内供应商抗衡的方案；另外，国内一家著名供应商也参与了竞争，主打的牌是性价比。它们是大老虎，海翔是小老虎。

产品演示时，几个供应商是八仙过海，各显神通，有的展示功能的强大，有的展示性能的全面，有的展示性价比，有的展示服务体系的完善，那我们海翔的销售代表展示什么呢？经过前期和这家大型家电企业的交流，了解到该公司信息化管理的基础非常好，已经购买实施了一套国际一流水平的 ERP 系统；而本次招标，是要在此基础上专门在数据管理方面做一个大的提升。但是，本次要采购的数据管理系统能不能和现有 ERP 系统无缝对接、完美兼容，是客户现在担心的一个主要问题。那么，海翔演示时，是不是就突出这一点呢？要知道，这种对接的操作在一个大型管理系统中是属于比较次要的方面，真的要把它当成重点讲解吗？胆子是不是有点大？销售代表和公司领导、工程师反复商讨，最终下了决心。海翔在产品演示中，虽然讲到了十几个方面，但用了三分之一的时间专门阐释如何进行系统对接，突出强调我们海翔是实施这个接口最有经验的供应商。

最终结果，海翔赢了。客户项目经理对海翔的人说："其他供应商想的说的都是自己能干什么，只有你们海翔想的说的是我们要什么。"所以说，大老虎虽然实力强，但如果不按推销规律办事，是完全可能输给按规律办事的小老虎的。

还是海翔，这次的客户是一家军工企业。去晚了，已经有几家供应商演示了产品，客户对其中一家比较满意。这家客户原来没有实施ERP，现在是从无到有，要求是突出全面性，覆盖各方面，现在比较满意的那家供应商在全面性上阐释得很充分。海翔的希望看来不大了。但还是要努力一下的，只要有1%的希望就要付出100%的努力。海翔的销售代表千方百计见到了客户，争取到了产品阐释的机会，那么，重点谈什么？

既然客户要求全面性，这当然是重点，必须要重点说，现在客户满意的那家供应商实力和海翔差不多，只是占得了先机。但只说全面性显然不够，那只是跟在竞争对手后面而无法超越。现在时间紧，客户心中又基本有了选择，这时想好好和客户交流、摸出客户其他需求也很难。就在看似绝望之际，销售代表心中闪过一道亮光：国家正在开展军工企业安全大检查。销售代表思路急转：军工企业，就是要比民用企业更重视安全性，国防大事，出不得一点纰漏，再加上现在的安全大检查；所以，多打一张安全牌。

产品阐释时，重点就是两个：全面性和安全性。做阐释的工程师说，由于客户是军工企业，所以在产品配置方面海翔把安全性放在首位，采取多重安排保证安全，杜绝黑客潜入的可能性。阐释打动了客户，海翔后来居上，拿到了合同。

有时候，客户要求的不是一个产品，而是由一系列产品的特定组合形成的技术方案。那么销售一方比如海翔公司在写方案时，就应该把前期了解到的客户需求作为最重要的考虑，在方案中可以直接回应种种所了解到的问题和需求，这样一来一定会得到客户的热烈欢迎。

前面我们说过海翔公司的销售代表海子，提示柳阳市一家大型餐饮集团公司：运用信息化管理可以大幅提升集中化管理的绩效，对方深深点头。那么，到做方案时，关于该集团公司的集中化管理就是重中之重。针对集团下属的十几家饭店，方案中设计了一个结算中心，在银行开设一个集团账户，各分店每天定时将当天的现金存进去，或刷卡存入，银行卡和这家开户银行关联，这样就保证了每店的资金都能通过集团公司查询、控制和调配。支出也一样，采购配送中心采购完成，由他们向结算中心下达付款通知，由结算中心直接付款给供应商。

又比如，现在的软件公司设计制作的软件产品都是标准产品，是没有行业特征的，但都比较灵活，具有自定义功能。那么在做演示数据时就需要结合具体客户的具体情况，对软件内容进行相应的调整，尽量和客户公司的情况结合。这样客户会感觉这套产品很适合自己的公司，能帮助自己的公司。这样的话销售胜算当然就高了很多。

★ 按照"问题需求←产品功能效用←产品材料结构技术"的顺序阐释产品。

比如前面列举的税务局采购服务器的例子。关于服务器的处理速度，应该按照这样的顺序来阐释产品：客户需要较高的处理速度←我们的产品配置每秒钟可以处理1000笔以上的业务←我们的产品有两个CPU，带宽133兆。

我们阐释的着重点是客户的某个需要解决的问题、某种需求；为此，我们就要说明自己产品有着某种什么样的功能效用，能充分满足这种需求；然后，再说明是因为本产品有着某种材料结构技术，所以才提供了这种功能效用。在这个顺序中，三环依序相连，一环不能乱，一环不能少。

比如，一位销售代表来到一家健身房销售跑步机，了解到健身房老板的一个要求是：保护跑步者的膝盖。那么在阐释产品时仅仅说我们的跑步机有减震气囊是不够的，这只是产品的材料结构；而要说明这种材料结构会带来什么功效：这种气囊放置在跑板下方，能有效柔化震动的力度，从而保护膝盖。同样，对于一位要求所采购的工作服挺括美观的客户，只说我们生产的工作服使用了聚酯纤维也是不够的，而要进一步说明：这种聚酯纤维质地较硬，洗过以后，依然挺括不皱。一个商店卖椅子，老老实实地在椅子上标明：120元。结果卖得不好。后来明白了：要从功能效用的角度入手，讲明白能满足客人哪方面的需要，于是改为：沙滩椅，120元。这下卖得好多了。另一个商店卖一款杯子，专门在旁边的产品说明上写：本茶杯的把手下方三分之二处有一个弧形，这是运用了人体工程学，让您端水时手指处于最舒服的姿势。

也就是说，产品的功能效用跟客户贴得更近，产品的材料结构技术则要远些。我们要侧重从功能效用的角度说产品，而结构材料技术等只是作为论据来使用的。

为了能临场发挥得好，销售代表应该事先做好准备，可以按照"问题需求←产品功能效用←产品材料结构技术"的顺序准备好内容，到了现场阐释的时候，需要哪一条就把它拿出来讲。美国学者 Ronald B.Marks 在《人员推销》中写的案例，说到一位手术衣的销售代表可以准备以下这张表：

问题需求 ← *产品功能效用* ← *产品材料结构技术*

客户希望手术衣耐用　←　结实耐用　←　聚酯纤维
不想经常购买

客户希望手术衣美观　←　洗后无须烫熨　←　混纺面料
　　　　　　　　　　　　仍然挺括

客户希望确保安全　←　内置的钢线将静电导地　←　内置不锈钢线
避免麻醉剂着火　　　　消除了摩擦生电的隐患

客户希望在后续补充性　←　三天内货可送到　←　本市有厂家服务点
采购时能送货及时

本节我们讲述了阐释产品的两个基本角度，说的是"阐释什么"的问题：阐释产品能够满足客户需要，产品为何能满足客户需要。

2　阐释产品的三个方法

前面我们讲述了"阐释什么"，现在我们讲述"怎么阐释"。销售代表们推销的产品各自不同，有的简单，有的复杂，所以阐释的方法也会不同，我们这里介绍三个方法。

★让产品自己说话。

要点一，显示产品的功能效用。

销售代表会到便利店推销真空包装的便当盒，到超市推销番茄酱，也可能请几位健身房老板来到自己的健身器材专卖店，希望他们采购自己公司的跑步机；对便当盒、番茄酱和跑步机的阐释，最好就是让产品自己表现。

有本书的书名叫作《不推销牛排，推销滋滋声》，说的就是在推销生牛排时，得让客人尝尝煎好牛排的美味。刚刚煎好的牛排冒着热气发出"滋滋"的声音，切下一小块蘸上酱料让客人尝尝，客人品尝后胃口打开，对这批牛排的品质十分欣赏，立刻采购了250斤。向便利店推销便当盒，也要把两盒便当放进便利店的微波炉加热一下，然后打开请店长和店员品尝，店长、店员品尝后感觉不错，自然购买。到超市推销番茄酱的销售代表，会打开携带的样品请超市经理品尝，后来觉得这样还不够，又先到这家超市的货架上买一瓶很贵的番茄酱，然后拿着两瓶去见经理，让经理对比着品尝，果然，货比货、气死人，销售代表带来的这瓶番茄酱可是比现在货架上那瓶味道好多了。

一位包装箱的销售代表在向玻璃器皿公司推销，他带去了包装箱的样品，里面已经包装好了一些玻璃器皿；他打开箱盖让客户看清里面的玻璃盘和玻璃杯，然后再仔细包好箱盖，突然把箱子向地上摔去，再打开箱盖，客户查看里面的玻璃制品，完好无损。客户不由赞叹不止，立刻拍板购买。一位录音笔的销售代表每次向报社等客户推销时，都会悄悄地在口袋中打开录音笔，两人谈了一会儿后，销售代表就会掏出笔来，展示一下刚才录音的效果。

一家消防器材公司专门针对轮船设计了一款灭火筒，容量大、威力猛，怎么进行产品示范呢？先蓄客，联系了二三十位潜在客户，船主、船运公司负责人等等。统一定在一个海边的地点，大家欢聚一堂，边聊边欣赏海景。销售代表把大家引领到预定地点，首先介绍这款最新推出的轮船灭火筒的功能威力，然后在一条准备好的废船上点起火来，火势熊熊，这时船员们抄起新式灭火筒，十几分钟就把烈火扑灭。

所以说，要显示产品的功能效用，让产品本身说话是最好的方式。事实胜于雄辩，此时无声胜有声。

要点二，事先做好准备，做好练习。

要让产品能更好地自我表现，销售代表事先就要动脑筋想想怎么表现，做好相应的准备。要销售生牛排，就要准备一个电磁炉和煎锅，这才能煎出"滋滋"的牛排。包装箱里的器皿也要事先包装好。还有，推销前自己做一些练习。本来准备和报社负责人交谈时悄悄打开录音笔录音的，结果手伸进裤子口袋却按错了按钮，那就演砸了。想给客户演示一下折叠式自行车折叠起来是多么地容易，但是自己操作笨手笨脚的，结果不仅销售没成，还让客户看了笑话。

要点三，产品示范同样要针对客户的特定需要。

一个健身房老板说，他的健身房开在市中心，还请了几位退役运动员做教练，到他健身房来的都是年轻人，追求健美的身材，在跑步机上喜欢快跑，既然这样，推销时那就侧重给他表现快跑。向一家公司的财务部销售一套财务软件，问会计们最头痛的事是什么，他们异口同声地回答：发工资。原来这家模具公司主要采取计件工资制，零部件品种繁多，产品的计件标准多种多样，计算起来非常麻烦。此时销售代表可以拿他们的工资文件回去研究，过两天再来时，就可以在电脑上演示工资的计算了。

要点四，鼓励客户参与。

产品演示得好，看上去很美，但这还不够，还要鼓励客户自己使用。客户看着销售代表三下五除二就把自行车折叠起来，就像欣赏特技表演一样，但轮到自己操作，行吗？销售代表必须鼓励客户自己操作。手把手地教一教，结果操作起来很简单，于是客户马上就决定购买。刚才说的发工资的财务软件，销售代表演示一遍后，立刻就要鼓励会计自己上阵操作。这样他们才能亲身感受到产品的好处。就像一个玩具，一旦玩上了手，就想拥有它。

要点五，展示产品的最大功能。

一个电饭煲，最多可以煮 10 杯米，但通常家用时五六杯就可以了；但在产品演示时，为了表现功能的强大，要使用 10 杯米，这也是产品演示方面的一个常用做法：表现产品的最强功能。所以跑车的销售代表会把客人们带到赛车场，请一位专业赛车手疯狂驾驶，开到速度极限，引来一片尖叫声，之后便是纷纷购买。同样道理，有时候明明知道客户的预算不高，只能购买我们的中档系列，但为了让客户印象深刻，拿高档系列去演示。演示结束客户是爱不释手，但又有顾虑："价格会不会太高啊？"这时销售代表先淡化产品的价格："价格不是我们合作的障碍，肯定会让您满意！"

看一个付遥在《成功销售的 8 种武器：大客户销售策略》中写的案例。

1999 年年底，戴尔电脑的一位销售代表得知北京某报社要采购一批笔记本电脑，通过朋友介绍联系上报社一位处长，可是处长遗憾地告诉销售代表：两天后他们就要开会讨论，而且已经基本定下采购康柏，因为康柏是报社的长期合作伙伴。销售代表不甘心："我们戴尔和康柏是同档次产品，各方面性能不逊于康柏。"处长笑笑："这个我们知道。"销售代表再努力："而且我们的坚固性比康柏好，这一点对记者很重要。"处长又笑笑："哦，是吧？但是也差不太多吧，而且这事不是我负责，社长会亲自拍板。"显然，处长是多一事不如少一事。

销售代表回去和销售经理商量，两人都不甘心，因为戴尔笔记本的坚固性确实是一大优势，这在以前对很多报社的销售中都得到了验证。知道后天下午报社开会讨论决定，两人决定到时再去。到了那天两人来到报社，但见不到人，各部门领导关着门开会，两人只好在走廊上等。突然，社长出来了，去上卫生间。两人赶紧上前自我介绍，社长敷衍着，进了卫生间。等到社长出来，两人上前继续介绍，但社长显然并不在意，继续向会议室走。说时迟那时快，销售经理突然把手中笔记本电脑向旁边地上扔去，笔记本摔在地上发出"啪"的一声。社长吓一跳，有些生气。销售经理从地上拾起笔记本，展开屏幕，启动电脑，一边向社长解释："您的记者在外采访，免不了会有笔记本摔掉地的事，严重影响工作，而我们戴尔的笔记本可以说坚固性最好，您看，现在笔记本一切正常，一点没有损坏。"社长怒气消失了，好奇地查看电脑、试试光标，销售经理抓紧时间又对产品做了些介绍，社长点点头，进会议室了。

社长回到会议室后，问大家："是不是有记者采访时摔坏笔记本的情况。"大家说，这种情况很少发生，但是一旦发生，确实很麻烦，耽误发稿，打乱计划。社长说："那要把笔记本的坚固性作为一个重点考虑。"大家于是又把几个品牌讨论了一番，最终选择了戴尔。

用产品本身说话，最大限度地表现产品功能，加上急中生智，戴尔的销售经理完成了一个看似不可能完成的任务。

★ 使用视听材料。

如果销售的主题是一种保险项目、一项物业开发、一套技术方案，看不见、摸不着，那就不能让产品自己说话了；即使是一件产品，但若是太大或是很复杂，也无法通过直观的产品功能示范来阐释。这时，我们就要使用另一种方法：视听材料。

视听材料包括图表、照片、动画、视频以及声音等，精心制作组织的视听材料，可以在一个很高的水准上阐释我们要销售的产品。

销售起重机的销售代表难以进行产品示范，但一段精心拍摄的视频就可以把起重机的各项功能展现无遗。如果某高科技开发区想吸引一些海内外公司入住办厂，开发区管委会的市场人员就要既在地面也在空中拍摄一系列照片，还要有交通示意图，要有开发区规划建设的模型，组织好一整套视听材料，向潜在客户们一一展示。一位保险公司业务员来到一所中学，向老师们推销某款保险项目；他在屏幕上打出了一张表格，对银行存款、理财产品和本保险项目进行对比，左边是投入，右边是收益，三种方式用三种颜色表示，观众一目了然。

视听材料同样可以也应该让客户参与进来。一家中央空调的销售代表来到一家开发商的办公室，希望开发商能在马上开工的大厦中采用他们的中央空调。面对客户工程部的六位专家，销售代表在笔记本电脑上演示着中央空调的优越性能，页面投影在屏幕上。演示一番后，销售代表希望客户的专家根据本大厦的各项参数自己核算，总工程师示意一位年轻工程师前去把本大厦参数输入电脑，其他人在屏幕上看着在这样的参数下，中央空调运行所需的动力和成本。

人力资源管理者的一项棘手的工作，就是判断各个员工的个性和能力是否匹配现在的职位，是否能提升到更高的职位上，一般来说这都是依靠领导者以及人力资源管理者的经验来进行，但是经验又时不时地会出现偏差。现在，某个专门进行相关研究的机构研发出来一套问卷，依据某员工对这套问卷回答的总分，可以判断他对职位的胜任情况。现在，这个机构的销售代表要说服客户公司购买这套问卷及其使用方法。

二十几位客户公司的HR围坐在桌旁，喝着香浓的咖啡。轻快优雅的音乐响起，屏幕上出现了一张张员工的笑脸，悦耳的女声说着开场白，接着用风趣的语言讲述关于性格和能力的心理学知识，再介绍这套问卷的设计原理。然后，客户们花几分钟时间涂描发到手中的表格，就像做英语四六级考试一样。答卷立即送入光标阅读机中进行评分。很快，每位HR客户的答卷评分及判断显示出来。销售代表这样做的目的是要通过HR客户们的亲身实践，来体验这套方法的科学性。如果一个客户对某种评判有疑惑时，销售代表可以打开相应的PPT进行解释。这是一个较为复杂的人力资源管理方法，但它有翔实的心理学和管理学理论做基础，而这些都可以通过视听材料既严谨又灵活地展示出来。事实证明，在由视频、配乐、解说、现场答卷、光标阅读机、ppt等组成的"火力网"面前，客户们难以抵挡，销售进展非常地好。

★ 提供项目解决方案。

如果是大项目销售，给客户提供的是一个系列产品、系列技术的组合，客户一定会要求提供项目解决方案。这就对销售代表提出了更高要求，销售代表要和工程师及其他人员齐心协力，写出有强大说服力的解决方案。

其一，销售代表要有充分的素材。

要掌握本领域主流技术理论知识，有基础性的理论体系，对客户所在行业的业务情况熟悉。在前面我们说过销售代表要有自己的主攻方向，给自己圈一块"地"，这块"地"通常就是客户的所在行业。收集一些类似方案。具体到"这一个"客户，就要研究客户的网站，通过需求调研收集材料，研究客户提供的材料。

其二，写一个针对"这一个"客户的短小精悍的方案。

写解决方案确实是一个伤脑筋的活，很多销售代表会想着偷懒，按照通用模版写；但这样写出的方案缺乏个性，客户觉得不是为自己公司量身定做的，自然就会怀疑是否真能解决自己公司的问题。所以说，必须要写出针对"这一个"的方案。再有，方案不要长，不要厚。现在不少解决方案都是"长厚全"，面面俱到，功能罗列，套话大全，这样一来，即使里面有一些有价值的做法，也都淹没在一大堆功能列表中。

那么，怎么写出针对性强而又精悍的方案？这又回到前面说的序列："问题需求←产品功能效用←产品材料结构技术"。对客户的一般性现状简单带过，重点说明客户当前需要改进的问题。写清旨在解决上述问题的实施思路和策略，说明这种实施思路所要使用的技术和设备。当然，本公司设备多样、技术多样，这些可以采用附表形式，附在方案最后，客户有兴趣可以看。也可以写已有的成功的客户事例，但写一两个即可。

在这个序列中，逻辑性要强。要说清我们使用了这样的技术和产品配置后，为什么能满足客户需求；每个箭头所指，都是有理有据。否则，思路不明晰，客户看起方案来就很痛苦，自己在混乱的方案中寻找亮点，自己揣测这个方案到底是怎么解决问题的，方案作者的悲哀莫大于此。

其三，注意表达方式。

一定要设计一些简明的图表，把原本需要用大段文字才能说明白的东西，用直观形象的图表来表达。方案中的文字尽量少用我们自己公司的名称，比如"海翔公司的信息整合技术""海翔公司的仓管系统"，这样做会给客户一种过度营销的感觉，急着向客户推销。多用客户公司的名称，这样会让客户感觉我们处处都在为对方考虑，我们的方案也是为对方量身定做的。方案中难免会说到客户公司存在的问题，就像老师在给家长说孩子的缺点一样，语气要温和一点，不要用语尖锐，什么"缺少管理，业务失控，后果严重"，客户即使胸怀再宽广，看了也不舒服。

把方案好好包装起来。方案写成后注意排版，印刷要清晰、封面要隆重、装订要精美，最好请专业人士设计一套标准的排版规范和模版体系，这会很大提高方案的视觉效果。

3 阐释产品的第四个方法：演示会

如果是大项目销售，给客户提供的是一个系列产品、系列技术的组合，那么只是写一个项目解决方案肯定是不够的，客户仍然要通过面对面的交流来做出决定。这时的项目阐释，就不是产品示范或用一些视听材料就能解决的了，要开产品演示会。

因为是大型采购，事关重大，客户方面参加演示会的人会比较多，很可能会有高层领导坐在下面，然后是中层。我们销售一方则由经理或副总带队，由一位技术专家，或者是本公司的技术骨干主讲，一般不会让销售代表上去讲。演示时间两三个小时，或者更长。阐释的内容多，视听材料也要准备好。演示会过程中，客户方面会有提问，我们销售一方则要一一作答。总之，产品演示会是产品阐释方面最高级复杂的形式，是产品阐释方面的交响乐。

★ 演示会的前期准备。

其一，确定好演示者。

演示者一般都是本公司的一位技术专家，但技术好的人不一定口才好。销售代表在自己公司内部平时要多留意，哪一位技术专家的演讲客户反应不错，尽量请优秀者来演示。如果一时请不到合适的人，时间又紧，销售代表就得顶上去；销售代表要有这个勇气和自信。

演示会不同于一般的产品介绍，演示者事先要做好充分准备。经验还不丰富的演讲者，至少要花五倍于演讲的时间来准备和练习。

其二，要确定现在是不是举行产品演示会的好时机。

产品演示会是大事，客户方面参与的人多，我们动用的力量也大，对销售的成败关系重大。为了保证演示质量，就要选择好时机。

现在是否已经把握住了客户的需求，特别是有没有和客户关键人物进行单独交流，了解对方想法？如果这一点还没做到，时机就是不成熟。和产品阐释的其他方法一样，产品演示会的重点同样是：为什么我们能满足贵公司需求。如果对客户想法不了解，我们的重点就抓不住。还有，对竞争情况是不是了解：主要对手都有谁，他们的优势、劣势。这两方面是基础条件，如果尚不具备，那就宁可和客户反复解释，也不轻易安排演示。

演示就是要"一击而中",如果没有把握达到效果,就不如再多花一些时间准备,把条件养成熟了,再开演示会。

演示会具体确定哪一天开,是上午还是下午,也有讲究。需要开演示会的都是大产品、大项目,都是需要客户的大领导拍板的,所以就需要大领导参加演示会;如果我们了解到客户公司的某位大领导或重要人物是我们的反对者,那他最好不要参加。当然我们不可能明确拒绝某位领导参加,但我们可以在演示会时间上花点心思。如果客户办公室王主任提出8月5日开,结果我们一了解,那天大领导出差还没回来呢,8月8日才回来,那我们就要编个理由,把日子往后推,从而让大领导能够参加。很多大项目业务员的经验之谈是:客户大领导不在的演示会大多效果不佳,很可能还要再向客户申请一次演示会。

海翔的销售代表海子和客户商讨演示会的事,希望对方易总参加;但客户那边说,易总太忙,不会参加演示会,所有供应商的演示会都不参加。演示会定在上午九点,在客户公司三楼北边的会议室。海子来过几次,知道易总的办公室就在三楼南边。九点差十分的时候,大家陆续进场了,但海子在门口走廊上站着,好像在看风景,其实眼睛一直在向走廊南边瞄着。突然,他看到易总从旁边一间办公室出来,要回自己办公室;一位男子跟他在一起,两人还在商量什么事。海子迅速向他俩走去,来到面前站定,自我介绍:"易总您好!我是海翔公司的,姓海。我们今天是来做产品演示的,想请您过去听听,听一部分也好。"易总摆摆手:"这事我知道,感谢你们对我们工作的支持,我这里还有些事要处理,就不过去了。"海子不放弃:"易总,从我们以前为大客户项目实施的经验看,总经理对项目实施方向的确定非常重要,因为这个项目的运用涉及各个部门,而总经理对全局的把握,是其他人无法替代的。"闻听此言,易总沉吟了一会儿,两只眼睛一动不动地看着海子,然后说:"刘秘书,你去我办公室把我桌上的本子带上,我先去听听。"就这样，在所有供应商中，只有海翔争取到了易总亲临现场，后来的事情证明，这是成功的关键节点。

如果演示会一个上午排了几家，按先后次序讲，那排在中间讲效果最好。要是排在前面第一号讲，客户的高层、中层领导还没进入状态，还在暖场的阶段，效果自然大打折扣。二号、三号的演示接受效果会好些，听众渐入佳境，精神状态好，评价也会高。再往后呢，听众开始出现疲态，思维开始溜号。到最后客户已经忍受不了各厂家相似的内容，如果没有特别出彩的部分，客户已经不会再感兴趣，一心希望赶快结束，评价是不可能高的。所以，排到几号很重要，销售代表要想方设法让自己排到中间位置。

如果真的就排到了一号，那也必须既来之则安之。既然问题在于客户注意力尚未集中，那就想办法让大家集中。

曾经有一位销售经理来到一家造船厂做演示，第一个讲，台下还闹哄哄的。他开始说话："大家做企业这么久，都知道赚钱是很难的，但浪费钱却很容易！"这时他突然右手从口袋里掏出一张百元钞票，左手掏出一个火机，轻轻一甩，火苗"腾"地一下冒了出来。他将火机凑近钞票，跳跃不定的火苗马上就要吞噬这张百元大钞了。听众们一下子不说话了，吃惊地看着他。这时他说："烧钞票当然是浪费，但我想说咱们造船厂每天都在用各种方式浪费，而且数目很大。"他关掉火机，继续说："咱们造船厂有哪些地方在浪费，而我们却浑然不觉或者束手无策？我们又应该怎样控制它们？我想这一定是大家关心的问题。下面我从两个方面谈。"这位销售代表可谓出奇制胜，一下子就把客户注意力吸引了过来。

如果排到了最后呢，那也得硬着头皮好好讲。排在最后也有一个好处，可以听到前面客户对供应商的各种质疑，那么可以重点从这些质疑入手，不要按部就班地按照常规套路讲了。

其三，准备好演示所需物品。

宣传材料，作为辅助性或补充性的内容，发放给听众会前或会后看。公司宣传画架，放在讲台一边，是为提升公司形象。数码相机，留影纪念以便日后做宣传。录音笔，录下相关内容回去研究。笔记本电脑，注意事先测试一下，连接上投影仪看能否正常使用。投影仪，屏幕挂高点，以便后面的人都能看清；如果是很重要的演示，自己带一个投影仪，因为投影仪灯泡容易老化，投影出来的文字、图片、表格有时一片模糊，所以自己带一个万无一失。红外指示笔，帮助切换PPT和指示PPT细节。白板和记号笔，有时会手写一些东西进行交流。

其四，着装与精神。

演示者穿西装最佳，如果是一支几个人的小团队，服装应协调统一，显示整体的精神风貌。女性演示者不要佩戴显眼饰物，头发不要垂到脸上，这些都会把听众注意力吸引到"人"而非"事"上，这不是我们希望的。着装也要考虑天气因素，天热的话，穿衬衣、打领带也可，否则硬是穿着西装但头上冒汗，听众会感觉你太紧张。

有的演示者为了讲演得更好，前一天准备得太晚，结果只睡了两三个小时就上了讲台，这种状态是不可能讲好的。一定要休息好，保持最佳的精神状态。

★ **演示会的进行。**

其一，即将开始。

演示开始前的等待时间，对于演讲者是很难熬的，如果客户只有几个人，不超过十个，可以和他们做一些交流，交换一下名片；如果人数较多，那就自己安静坐着，把思路再回想回想。

其二，开场。

自我介绍：演讲人自己的姓名、职位及团队。

意图：在本次演讲中计划说明、建议、证明什么，能为客户带来什么利益，解决什么问题。

内容框架：演讲持续的时间，分几个部分，每部分的持续时间。

规则：是在每个部分结束时就有一个交流，还是全部演讲结束再交流。

材料介绍：如果在开场前分发了一些材料，就先对它们的用途做个说明，是先听再看，还是在演讲者提示时再看。

开场技巧有这样几种。

提问式：上来就提出设计好的问题，把听众的注意力立即调动起来，但要预防听众反应不热烈，那只好自问自答了，可不要冷场尴尬。

摆问题式：在前期调研的基础上，把客户现存问题摆出来，让大家意识到严重性。

讲故事式：讲一个类似的案例，讲出真实参与的感受，听众一下就进入了你的思路。

讲标语式：很多公司单位都有标语，拿一条大家习以为常的标语出来，做一个别出心裁的深入解析，听众会被你独特的观点所吸引，当然，这种解析要和演讲内容有关。

开场时不要卖弄幽默，或者套近乎，你是技术专家，不是小品、相声演员，你不是来娱乐观众的，你是来谈有关公司发展的专业问题的，端着点"架子"会更好。同理，自我介绍时也不要太过谦虚。

其三，演示。

首先，安排好演示方式。

一般来说，两人搭档最佳；一人主讲，一人辅助；主讲者集中精力于内容，同时观察听众反应，而辅助者操作电脑、操作产品。不要让听众的注意力大多放在屏幕上，还是要放在演示者的讲述上；展示PPT时，放定一个页面，做一番讲解，再下一个页面，不要不停地换页面。如果两人配合得好、准备得好，那就是浑然天成，主讲者讲到哪里，PPT 就出现到哪里，听众感觉非常舒服。除非听众不多，比如只是六七个人，这时可以坐着讲；否则，如果听众十人以上，那就要站着讲。语速放慢些，给听众一点理解的时间。

老晖在《思科九年》中说到一位经常给客户演讲的工程师，青岛人，音量很大，是那种带着浓重鼻音的男中音，长得又魁梧。所以无论是音量、体型还是气度，都给人一种不容置疑的一尊人物的感觉。演讲时逻辑严密，透着一股压迫感，让人很难质疑他的观点。

当然，演讲风格个人不同，各有千秋，可是也有一些共性的东西。演讲时，无论你是新手还是老手，都要自己先兴奋起来，用自信和热情感染听众，感染是最好的说服。演讲者双手放在胸前，这样可以随时做出各种手势；最忌讳的是双手背后或交叉放在胸前不动，这两种姿势都给人以命令和居高临下之感。声音千万不能细小乃至颤抖，控制住紧张心情，保持声音的洪亮清晰，最好能用抑扬顿挫的语调来调动听众情绪。在讲到重点时可以突然停顿一下，用这种节奏的突然变化来提升听众注意力。一般来说，演讲时多用短句，听众接受起来容易些；但如果演讲功力到了，多用长句，会给人一种境界更高之感。总之，一个优秀的演示者，就是一个演讲家，不仅对内容烂熟于心，而且恰当地配合上肢体动作：或握拳，或挥手，或轻松，或沉重，这样自然会吸引你的听众。

上面两个人在起劲地说，下面也要安排好人暗暗地帮。在我们和客户公司的反复接触中，一定要在里面发展一两个跟我们关系密切、支持我们的人。在演示现场，他就成了我们的"内应"。他可以用有趣的方式回答演示者的问题，或者自己提个风趣的问题，以活跃气氛。如果有人提了尖锐的问题演示者不好回答，他可以跟上再问两句，其实是要起到打岔、缓解气氛的作用。到了竞争对手演示时，如果碰到难题，或者亲自出手，直指对方软肋。

其次，安排好意外情况的预防措施。

多带一些东西到现场。双方事先约定的是进行功能操作演示，但真到了演示时，客户要求还是先介绍一下公司，于是"抓瞎"了：介绍公司的材料没带！或者，事先说的是用PPT展示，但演示开始后，客户突然说想看看产品，又"抓瞎"了：产品没带！所以，要多做一些准备，有备无患。

做好听众临时变化的准备。约定客户公司的高层、中层领导全部到场，那么演示时首先针对高层，从大的方面讲这个方案的实施能给客户带来什么提升，讲实施思路；谁知一正一副两位老总听到十分钟有其他事先走了，剩下的全是中层。怎么办？立刻调整内容，讲实施和操作，讲具体做法，讲应用的便利性。

做好应付突发要求的准备。本来演示者把内容按ABC准备得很好，谁知刚把A开了个头，下面一位客户高管就说："这个不必讲了，说别的。"那就得按要求来，不讲A了，把B和C讲详细些。更有客户会要求讲D，可是没做准备，没准备也得讲。所以，事先的准备做多一些，"战前多流汗，战时少流血"。

除了安排好演示方式以及对意外情况的预防措施，最重要的当然是演示内容的组织，我们把它放到最后部分谈。

其四，收尾。

演示像体操比赛，开始、中间、收尾都要做好，就像单杆双杆比赛一样，落地要落得漂亮。演示的结尾要完整明晰，即使时间不够了，也要临时省掉一点内容，把结尾收好。

收尾时先做演示要点的总结。在演示中听众思维随着话语的流动而流动，不会主动总结全部内容的要点；因此，在收尾时一定要做一个总结，使得听众有一个整体印象。总结完后发出号召，鼓励客户采取行动，比如："我们相信，这个项目一定能够给贵公司带来生产效率的提升，如果可以的话，我们想下周运几台样机来，供贵公司试用。"

其五，后续工作。

演示结束了，后续工作要马上跟上。

约见客户领导。趁热打铁，趁着客户印象深刻的时候，第二天就要约见领导，了解对方现在的感受和想法，听取对方的意见，把销售再往前推。同时，把整理好的演示备忘录提供给客户本次项目的负责人，上面既有演示的基本内容，也有演示过程中提出的问题及回答；并和他商讨下一步工作的内容：或者公司考察，或者用户考察。

★ 在了解了演示会基本步骤后，重点是演示内容的组织。

其一，演示重点。

由于销售是大范围展开的，要面对很多客户进行演示，因此自己公司都会有一个标准的演示模版，以提高演示效率。但每个客户又都是不同的，演示必须体现个性。两者综合起来考虑，就是在标准演示模版的基础上加入"这一个"客户的内容。具体地说，在运用环境上写进该客户的业务流程，使用该客户的资料、语言和报表，让客户切实感觉到我们是针对该客户的情况设计项目方案的。演示的重点，不是我们产品最强大的功能，而是客户最关注的地方；可以把这个地方放在演示的最前面讲，也可以把它展开来详细地讲。

东莞一家大型电子公司想上一条流水装配线，联系了日本一家著名公司。它从大中国区的总部上海派来了两位专家做演示。两位专家对电子行业十分熟悉。东莞的公司也很重视，老总带着公司高管亲自参加，全程听讲。两个多小时后，演示结束，专家走出会议室。大家的眼光都转向老总，谁知老总站起身，只淡淡地说了一句："不要选他们，看看别家的产品和方案吧。"大家有些出乎意料，一位副总壮着胆子问了一句："总经理，是什么原因把他们淘汰的？"老总阴沉着脸说："他们讲了两个多小时，我一句话都没插上。他们都不知道我要干什么，我凭什么买他们的东西？"

所以，演示的重点，首先就是"这一个"客户的需求。如果演示者和销售代表不是一个人，演示者则必须和销售代表充分沟通，以了解客户的需求和想法。

注意，讲客户现存问题时，语气要委婉，比如："这不是哪个人的问题，大家谁都想干好，谁也不想浪费，但也没办法，因为信息不畅通，想找信息要从两尺厚的单据中找，各部门之间数据无法共享。"这样说，问题摆出来了，也没有得罪哪个部门。演示会面对的是客户公司很多人，一不留神，摆问题就变成在公开场合说谁工作没做好，所以要小心。另外，讲问题切忌抽象，要从客户业务流程出发，从客户工作的具体场景出发，让客户真切意识到自己工作中就是存在这些问题。

关于解决方案，除了技术内容之外，还要强调"需要一把手充分重视"，意思是领导不重视一切都无从谈起，还暗示着领导不表态大家没办法开展工作，这是在"逼"着领导表态。还要强调"双方有合理的项目队伍"，复杂项目、大项目，光靠供应商实施难度很大，所以要把客户拉进来。还要强调"有效的计划控制"，客户应该按照实施计划执行，按规定时间、规定项目去做，如果做不到，实施效果会大打折扣。

除了客户的需求之外，还要考虑竞争对手会如何演示，对手会在什么地方攻击我们，而我们也可以在演示中攻击对手什么地方。

以上两点，客户需求和竞争态势，是我们演示的重点，演示的内容都要围绕这两点来展开。很多演示者准备充分，材料收集了很多，而且舍不得丢弃，全放进演示报告中；每个点都讲到了。殊不知面对冗长而且面面俱到的演示，听众难以把握重点，注意力也难以持续集中，听完后并没有对哪方面留下清晰鲜明的印象。这是糟糕的演示。演示者要坚持"少而精"的原则，做到详略得当。对以上两个重点要详细地讲，讲得生动，让客户听得有兴致。其他方面，则可简单说明，或者干脆跳过某些地方不讲。

可以按照这样的步骤进行演讲。第一步，自己公司介绍，只需几分钟时间。第二步，客户公司进一步发展的要素，现在面临的问题或者挑战。为此也可以做些铺垫，比如行业趋势等，时间控制在半小时左右。第三步，总体产品方案，总体设计和思路，并展望实施后公司效益的提高情况，时间在半小时左右。第四步，产品和实施方案的具体介绍，一个小时左右。在每一步结束时，都请客户提问解答该部分的疑惑。

其二，生动活泼地演示。

没有几个人喜欢抽象死板的讲解，即使硬着头皮听完，效果也不会好。所以产品演示时，这也是一个重要方面。可以采用案例，讲故事，打比方的形式，PPT简洁醒目，甚至可以穿插一些动漫，都是很好的演示方式。

戴尔电脑要向北京电信公司展开销售，销售代表做了一个多月的准备，对两个多小时的内容反复推敲。会议时间终于到了，他以一个故事开始了自己的演讲：

1984年，美国德克萨斯州立大学，一对五十多岁的夫妇赶到学校，找到正读大三的儿子谈判。儿子不知动了哪根神经居然想要退学，父母说你怎么放着好好的医学专业不读，儿子说他有一个梦想，就是自己成立一家公司，根据客户的要求组装电脑然后直接销售，这比做医生更有前途。三个人谁也说服不了谁，最终达成了一个协议：先休学一年办公司，如果一年后事实证明这不是梦想而是做梦，儿子就回到学校重续学业。

一晃十六年过去了。小伙子没有回去学医，以他名字命名的电脑公司成为了世界上最大的个人电脑公司，事实证明，他最初的理念受到了全世界的欢迎，这个理念创造了信息产业的一次革命。这个理念就是：按需求生产，直线订购。下面我们就一起看看，我们戴尔是如何根据北京电信公司的需求，所设计推荐的产品系列。

没有使用套话大话，这位销售代表通过一个故事，自然地说出了戴尔的地位和理念，并由此切入到此次销售的客户需求和产品推荐。

我们演示的产品和项目都是比较复杂的，客户接受和理解起来会有困难，有困难就打比方，用客户熟悉的东西打比方。

比如一位银行的理财顾问来到一所中学，希望老师们买一种退休理财基金，在劝大家尽早购买时，她从包里拿出了一个小小的玻璃球、一个网球和一个篮球摆在桌上，然后说："同样是退休后享受每月2500元的基金回报，越早买负担越轻。三十多岁就开始买，就好比平时口袋里放一个小玻璃球，没什么感觉；要是四十多才开始买，那就像带着一个网球；要是五十多岁才买，就好比平时出门带着一个篮球，干什么都不方便。"

比如，客户不明白100G的磁盘容量究竟有多大，那么可以说："如果印成书的话，大概放满一个五米长、六层高的书架。"客户想从另一家小规模的公司采购生产线，你身为一家大公司的销售代表可以提出忠告："那家公司生产线的价格会低些，但使用过程中的维护保养不是很让人放心；这就好像如果您和朋友想去新疆自驾游，是想包一辆质量更好、坚实耐用的车呢，还是性能一般的车？虽然一般的车价格会低些，但是您还是更愿意包一辆性能高的车吧。"

有一次，一家供应商在向客户企业演示PDM，即产品数据管理系统，演示开始时客户一位副总就问："没有这个系统，技术资料不也一直管得挺好吗？为什么非要用这个系统呢？"怎么解释？如果一板一眼地介绍PDM的功能，副总不一定感兴趣；演示者灵机一动，用小卖部和超市打比方："如果只是一个小卖部，那么有一个精明的老板娘就能管理得井井有条；但如果是一家超市，老板娘再精明，她一个人也管不好。贵公司现在已不是几年前的规模了，早就由"小卖部"变成了"大超市"，如果还是靠人力，那一定是管不过来。"一个看似不好应付的问题，就这样被四两拨千斤地化解了。

有不少客户很在意所购买设备的先进性，他们会因为供应商的技术不是最先进的而怀疑、犹豫，这时有演示者巧妙地说："在业内谈先进技术有个说法：先进一步是先进，先进两步是先烈。我倒是觉得企业没必要做领头羊，冒这个险。"这个说法贴切自然，也很在理。

★ **最后，是如何应对提问。**

演示中客户会提出一些问题，演示者需要很好地应对。演示者要有一个正确的心态，不管提问者的动机用意如何，演示者都要始终保持微笑和认真聆听的态度。能不能很好地回答，这既考验演示者的综合实力，也考验他的快速反应能力，还考验情商。

事先做好准备，预计会有哪些问题，然后两位演示者做一个分工，分别准备。对于自己不擅长的地方演示的时候就越讲得多，这是一种以攻为守的策略，能有效减少客户对这些地方提问的可能性。要是听到客户问到自己有把握的问题，心里暗暗叫一声好，立即给予明确自信的回答。要是听到客户问到棘手的问题，虽然心里在暗暗叫苦，但要镇定，可以先用自己的话重复一遍问题，问客户是不是这样，或者用笔记下来。这样做的目的是给自己思考的时间。有了答案当然最好，实在一下子想不出，老实承认不知道也无不可；这种偏僻的问题一般和产品关系不大，硬撑着反而不好。要是客户问到技术细节的问题，简单解释即可，不必纠缠，因为其他与会者对这些细节是不感兴趣的，不要耽误大家宝贵的时间，还可以和提问者相约会后再谈。

虽然都在提问，但提问者的情况各自不同。

最容易应付的是过场型听众，项目和他本身工作并不太相关，只是出于组织流程需要他才来参加这个会，对于会议内容他也不很关心。演示者要识别这种类型的听众很容易：很少抬头，不提问题，大部分时间都在弄手机。还有一种是学习型听众，他们趁着和各厂家交流的机会充实自己的业务能力，他们听得很专心，演示者偶尔和他们眼神接触，他们会立即回应。对这两种听众，不必费心，只需回以真诚关切的目光。

稍难应付的是表现型听众。比如："你们的系统支持 ORACLE 11i 版本吗？我们自己开发的系统都支持的。"他们提问的目的不是想弄清楚某个问题，而是为了证明自己能够提问。他们经常提问，但问题本身很容易回答，而且还会成为演示者讲话的一个旁衬，当然，演讲者要有足够的耐心忍受自己的讲话经常被打断。

较唯应付的是高手型听众。他们对你讲的内容了然于胸，只是挑剔地坐在那里看你讲得如何，偶尔也会对几个不熟悉的产品细节感兴趣，提提问题。他们很少注视你，注视你的时候也面无表情。他们醉心于技术本身，而不关心具体厂家。这一类客户是所有厂商都会去尽力影响和争取的目标。他们在客户公司内有技术威信，本身只认技术。一旦有了倾向，就不太会因为其他因素改变，而这种倾向对于任何一个厂家来说都是千金难买的。

前面说过，除了演示者在台上讲，下面还有我们在客户内部发展的"自己人"。对于产品的一些亮点，演示者可以在演讲中故意不说，留着，让"自己人"说。一家国内的通信设备公司在和一家美国公司竞争某市电信局的业务，经过前期努力，电信局技术处的几位工程师都倒向了国内这家公司。在国内公司演示会上，工程师们主动发言提示亮点："请问，美国夏娃公司的无线光环能传输 50 公里，你们的无线光网能传输多远？""70 公里。""哦，比夏娃还远？可是，夏娃的光环安装很容易，一个上午就能装好一台，你们呢？""我们现在的标准安装时间是：一个熟练工 115

分钟安装好一台。""啊!"听众一片惊叹声。这样,台上台下一唱一和,场面喜人。

最难应付的是对手型听众。我们发展了"自己人",竞争对手也会这样做。演示时我们的"自己人"会在台下帮忙,竞争对手的"自己人"则会进行攻击,我们把这种听众称作对手型听众。每个供应商的演示者在准备的时候,都会把最多精力放在如何应对对手型听众攻击的方面。

对手型听众都是有备而来,瞄准我方的软肋发难。对此,兵来将挡、水来土掩,捍卫自己是为上策。"我听说你们的服务不是太好,在一些地方出现过失败案例;而且据说你们的人员稳定性不够,流失现象比较严重,能解释一下吗?"演示者对这个问题早有准备,于是微笑着回答:"我们有过个别失败案例,我们和客户都经历过那种失败的痛苦,这是一个企业成长所必须付出的代价。也正因为如此,才有我们今天的成功。这一点无论是我们还是我们的同行都经历过,好在我们采取了及时有力的措施,最大限度地避免了我们客户的损失。现在,即使是那些和我们一起经历过痛苦的客户,也依然认为我们是一家负责任的公司,在我们及时修正了错误之后,仍然对我们不离不弃。至于您谈到的人员流失问题,我更倾向于把它理解为一个优胜劣汰的过程,这是一个优秀的公司必须做的。虽然也很痛苦,但是如果不这样做,怎么能让我们的客户满意呢?如果我们两家能够成功合作,您会希望我们派一些不合格的顾问来帮你们实施吗?"回答提问,有软硬之分。对于那些不重要的问题,或者友好的问题,可以回答得谦虚些、保守些、和缓些;但对于那些涉及产品重要的方面,或者意在发难的问题,就要回答得强硬些,哪怕有点得罪人也在所不惜。

也有的问题不是很好回答,或者就是直奔我们的产品缺陷而来,演示者否认或者承认都不是好的方式,这时可以把这个问题和另一个问题扯到一起,或者扯到一个更大的话题里去;这么一来,问题就大了,也就复杂了。

与会的很多人都对这个话题有想法,大家你一言我一语纷纷发言。在这种会议上,很多问题会被其他因素带着走,想聚焦在一个问题上有时会很难,特别是在有人故意这样做的时候。那位发难者可能不甘心,在别人兜了一大圈后自己又顽强地把讨论拉回原话题。可惜,这时大家的兴奋点已经被刚才的热烈讨论所干扰,最后大家对这个问题的结论就变成:回去再确认一下吧。当然,我们台下的"自己人"在这种情况下可发挥作用。

在面对对手型听众时,演示者不要总是处于守势,自己毕竟是在台上,话筒在自己手中,可以限制对手型的发言权。比如刚回应完他的发难,就主动转移战场:"设备部有没有什么疑问?""罗总,您站在领导的角度,有哪些需要了解的?"别让对手型听众占据主动。

演示者千万不要被对手型的发难影响情绪。有一次,一个医疗器械的演示者蔡经理对一些医院的客户做演示,讲了二十多分钟,很顺利,这时其中一个客户说:"蔡经理,我想问一下,你们的CT扫描仪在国内能排第几?"蔡经理想了想,说:"前五是有的。"对方追问:"前面的四家是谁?"蔡经理是个老实厚道的医学博士,没十足把握的问题他不好意思给出答案,只好支支吾吾地说:"这个嘛,其实,有十几家的品牌都差不太多。"对方点点头,示意蔡经理继续。但蔡经理紧张起来,觉得没说清楚,有些丢面子,情绪受到影响,声音也低了一些,眼睛更多地看着屏幕。这样一来,演讲效果大打折扣。所以,演示者智商、情商都要高,要有泰山崩于前而面不变色的心理素质。

4 提升说服力的办法

以上我们讲述了产品阐释的四个做法:产品示范,视听材料,项目解决方案,演示会。不论哪种方法,都是在说服客户。在本节我们谈谈提升说服力的两个办法。

★ 第一个办法，怎么样让客户相信我们，对我们有信心。

不论销售代表怎么说产品，客户心里都留着一手：你当然要把产品说成一朵花，因为你是王婆嘛，王婆卖花自卖自夸。你说话时客户可能在附和地点着头，但其实一直是心存狐疑的。销售代表要想办法打消他的疑虑，让他们相信我们，对我们真正有信心。

要点一，强调数字、出示证明。

不要泛泛地说："这台机床加工速度很快。"这种语义模糊的话不能使客户对我们的产品有明确概念，从而相信我们，所以要说："这台机床每小时能加工45个螺帽，是速度最快的。""这款机床的耗电量是每小时6度电，只有现在常用的型号耗电量的差不多一半。"我们知道，数字化管理是管理技术的一大进步；同理，数字化推销对于销售效果的提升也很明显。如果某项性能、技术是用数字来表达，那对客户心理的影响会比只用定性的语言大很多。

拿一些证明文件给客户看。比如省化工研究所的检测证书，或者上海交通大学车辆学院对我们的汽车给出的检测报告，或者省科技厅颁发的科技进步一等奖。这些证书应该是权威机构颁出的，不要随便拿出二流、三流的机构颁发的证书，否则会弄巧成拙，搬起石头砸自己的脚。国外的证书，也要是权威机构颁发的，像麻省理工、加州大学伯克利分校等等，要是大家都没听说过的外国机构，那很可能会产生负面效果。

要点二，展示自己的业绩。

有一位办公用品公司的销售总监曾写文章回忆自己刚从事销售时的故事。他是从销售复印机开始自己的推销职业的。他很努力，给客户的服务也很好。做了半年后虽然有了些业绩，但还是不理想，他琢磨着怎样才能提高新客户对自己的信任感,突然,一个念头像闪电一样闪过脑海:"我要让以前的客户帮我推销。"于是他又回头去拜访购买过他的产品而且很满意他的服务的老客户。

销售代表:吴哥,最近生意好吧?上次买的二十台复印机用得满意吗?

客户:可以啊,挺好的。

销售代表:吴哥,这次来,想请您帮个忙。

客户:有事尽管跟你哥我说,只要我帮得到的。

销售代表:这批复印机你用了几个月了,你觉得,它最好的地方是什么?

客户:这个嘛,那当然是……

销售代表:等等,介意我录下音吗?我想让您的意见也让其他客户听听。

客户:行,可以。最大的好处是速度快,还有,碳粉消耗要小一些。

销售代表:还有呢?

客户:还有就是你们的服务好喽,每两个月就有维护人员来上门维护保养一下。

就这样经过一段时间积累,他的手上有了一批过往客户的谈话录音,还有些评论推荐信。录音有背景声音,文字是不同人手写的,真实性很强。再和新客户谈时,需要时就会把这些拿出来。新客户本来还是心存疑虑的,但听到、看到这些来自诚实可信的其他客户的评论,相信了很多。

录音这种方式只适于简单产品的销售。如果销售的是复杂的产品或者项目,每做成一单客户,就要整理出一份完整资料,包括这个客户的情况、采购的产品、实施的技术、运用的效果、客户的评价;每做一个客户、就要有一份材料。彩色打印,用活页夹夹好,见新客户时到了合适的时候就拿出给客户看。客户看到有这么多大单位都采购了你们公司的产品,对你们的信心会迅速上升。

整理这些以往客户材料时要注意,尽量分门别类,客户的情况各种各样,实施的方式、采购的产品也各不相同，这样显示公司的产品技术适用面广。还有，写作方式各自不同，不要像是一个模子倒出来的，不然的话，人工痕迹就重了些。

展示业绩，为了突出效果在一定范围内可以适度夸大，但不可过分。展示业绩的方式，除了当面说、当面递上材料这些正面进攻的做法之外，还可以侧面进攻，迂回进攻。

一家发行量不是很大的报社，销售代表和客户联系时，每当客户问道"你们报纸的发行量大吗？"销售代表就会用上早已准备好的正面进攻的"炮弹"："在咱们这个省城，我们报社是属于一线的。我特意带了几期样刊，请您过目。"销售代表从包里拿出四期报纸，指着上面的广告说："吴总您看，这期可口可乐饮料做的是彩色半版，这期做的是彩色整版，两期广告相隔48天。再看，这张是家乐福超市做的整版彩色，这张也是整版彩色，两期广告相隔61天。对于这些大牌客户，我们报纸的发行量如果不大的话，就无法达到他们要求的宣传效果，也就不会有第二次合作了。大客户都会有自己的市场人员，会检测评估广告效果的。"这种做法的杀伤力很强，一般的客户就会被说服。但是，也有客户会到附近的报摊，先买份日报，然后问问报纸卖的情况。这样一来，销售代表精心设计的"炮弹"，效果大打折扣。所以，还要有侧面进攻。销售代表向社领导汇报，领导马上指示发行部加大主要客户周边报摊的发行管理工作，采取特别奖励政策，积极帮报社传口碑。

要点三，给客户说一个榜样。

榜样的力量不可小瞧。看到客户对我们推荐的产品还是半信半疑、犹犹豫豫，可以给他讲一个类似顾客的情况。那个客户的处境和现在这个客户很相像，思考的问题也差不多，后来那个客户果断买下我们的产品，用了以后，效果真的是很好。

某自行车公司的销售代表在和一家超市经理交谈，试图劝服他订购自己的跑车自行车："李经理，我知道您很想提高自行车的销量，现在很少人买自行车做代步工具了，所以销量上不去。两个月前我在华联商超，向何经理推出comfort车，这款车起了一个英文名，意思是舒服，这是我们厂刚推出的新款。跑车自行车以前都把座位设计得窄窄尖尖的，那是为了比赛。但我们一般人是为了健身、郊游而不是比赛。我们这款comfort跑车自行车，座位设计得柔软舒适。何经理对我的话很认同，当时进了三十辆，结果不到一个月就卖完了。他马上又定了一百辆。我觉得，咱们超市也应该定一些。"有何经理活生生的例子在前，李经理这下动心了。

一家管理咨询公司的徐副总来到某大型集团公司，联系的是集团公司的事业部部长，和部长谈了一阵后，部长带他们来见总经理。总经理正在打电话，他们坐在旁边慢慢等。打完电话，事业部部长做了介绍。

总经理客气道："我知道你们咨询公司，大名鼎鼎啊。我们集团公司现在确实有一些管理上的难题，欢迎徐总来给我们把把脉，看看在管理制度和模式上，可以做哪些改进。"

徐副总知道这次能见到总经理，机会难得，所谓机不可失、失不再来，一定要抓住。他开口道："刚才听您一直在电话里和一位分公司老总讨论整合兼并的事，恰好我们前段时间做过一个类似项目的咨询，整合真不是一件容易的事，可以说是九九八十一难啊。"

果然，总经理来兴趣了："哦？你们做过这种项目？结果怎么样？"

徐副总说："说来话长，不过结果还不错，从组织、文化、财务、人力到信息化，我们在五个方面给他们设计了管理模式。前段时间，我见到他们老总，他对结果很满意，跟我说，现在总算做到了全厂一盘棋、老少一家人了。"

总经理再问："五个方面？怎么做的？徐总，可不可以说来听听？"

徐副总喝了口秘书端上的茶，开始说："那家公司九十年代后期就上市了，发行股票赚了钱，开始兼并其他企业，兼并了十几个汽配厂。但是管理跟不上，大家各自为政，除了挂上统一的牌子、年终汇总一次报表外，实际上没有其他联系。这样资源不能统一调配，有时甚至会有分厂之间恶性竞争。我们介入后，掌握分析了情况，发现只从某一个方面入手改革是不行的，必须是个系统工程，所以我们就从上述五个方面同时入手进行改革，中间经过了设计模式、试行、再设计、再试行，三上三下，将近半年的时间，现在终于走上了正规。"

这家集团公司的情况和这个上市公司的情况相似，也是投资兼并了一系列类似公司；所以听完徐副总这番话，总经理对和这家咨询公司合作有了信心，第二天就指示事业部部长再和徐副总详谈一次，可以的话，马上签合作合同。

要点四，为自己塑造一个诚实可信的形象。

列数字、举证明、谈业绩、说榜样，当然都是好办法，可如果你的言谈举止给人一种夸夸其谈的印象，效果都会大打折扣。所谓做事就是做人，要让客户相信自己，就要表现出诚实可信的人格品性。

为了突出产品优势，销售代表经常不自觉地会渲染乃至夸大产品性能。只要适可而止，只要不引起客户的反感，这样做也无伤大雅。但是，很容易验证的性能，还是实实在在地说明为好，否则就会弄巧成拙。一位复印机销售代表夸口自己的产品每分钟复印40张，客户马上试用，结果每分钟也就30张；于是这位销售代表的诚信度尽毁，生意是很难做成了。他可以说"我们产品性能很好，在全国各大城市都有销售"；可以说"产品主要技术性能和理光相差无几"。这些方面客户不会明确知道，这样模糊地夸大，客户很容易接受；非要在复印速度上给自己脸上贴金，那就适得其反了。

广州发行量最大的有四家报纸，但还有几家报纸也在努力地生存发展，它们的很多广告业务员见客户时会说自己报纸发行量如何了得，和这四家报纸并驾齐驱。这样业务员立刻就给客户留下了满嘴跑火车的印象，一旦留下这样的印象，想洗掉可就不容易了，推销还没展开，就已倒在起跑线上了。

聪明的销售代表可不做这样的傻事。他们会先恭维那四家报纸，然后话锋一转，开始分析那四家报纸的性价比，分析宣传实效，意思是花大钱向那四家投放广告，并不是那么值得，而我们这家报纸，虽然发行量比不上那"四花旦"，可在广州城里也是有着不小影响力的，尤其在广州白领阶层，影响力比"四花旦"还大。然后说数据、说证明。看到客户被自己这番实在的话语有所打动，便开始建言："贵公司生产的床上用品，格调高雅简洁，其实很符合受过良好教育的白领阶层的口味。所以在我们报纸投放广告，目标市场准确，性价比高，应该是个很好的选择。"也可以换个建言方式："广告投放讲究立体效果，咱们床上用品公司可以选择"四花旦"之一进行广告投放，求的是"面"，但同时也在我们报纸投放，求的是"点"，点面结合，就能形成立体式的宣传效果。"

所以，不在那些容易戳穿的地方夸大吹嘘，是塑造诚实形象的一条基本守则。除此之外，我们还有其他为自己"诚信值"加分的办法。我们可以主动说明自己产品的某项缺点，甚至主动建议客户不要买自己公司的某款产品，因为有某种缺陷。如果能让客户相信你是一个有良心的人，你起码已经成功一半了。还有，如果客户对我们的产品或公司有某种看法而销售代表又不同意客户的看法，可以和客户争执一下。很多销售代表因为有求于客户而不敢和对方争辩，深怕对方生气，殊不知这样会使客户认为销售代表是不讲原则的，只拣好听的说。所以，不要对客户唯唯诺诺，自己有什么看法，就说出来。当然，这要把握分寸；争一争，该收就收。

★ 第二个办法，怎样调动起客户的情绪。

人是理智与情感的结合体，上面讲述了如何让客户在理智上相信我们，下面谈谈如何影响客户的情绪。

要点一，让客户对我们的产品和方案兴奋起来。

我们希望不仅仅是把产品性能作为知识传递给客户，而且还要把客户情绪调动起来，让客户兴奋起来。

一位财务软件的销售代表，在产品阐释时演示了自己软件的一项自动生成财务报表的功能。当相应的数据输入软件后，软件可以自己写财务报表；客户们看着电脑一行一行地写报告，觉得很神奇。但在实际工作中，电脑写出来的报表最多只能作为一个"胚子"，可是做这样一个演示，现场效果非常好，一些平时一写报表就头痛的财务人员，看到电脑比自己的人脑还厉害，佩服得五体投地。

这位销售代表成功地使用了这项"华而不实"的功能让客户兴奋了起来。所以不论是在产品示范、视听材料、项目解决方案、演示会四个做法中的哪一种，销售代表起码都要给出一两个兴奋点。这个兴奋点可以是某项功能，也可以是某个观点、某个案例。它应该是客户十分感兴趣而竞争对手又没有的东西，或者是虽然大家都有，但我们的东西最有特色。对于这样的亮点，销售代表应该强力突出，这对于打动说服客户，效果显著。

再说一个例子。深圳一家软件公司想承接某大型汽车零配件公司的信息化管理项目。在做项目方案汇报时，需要向客户展示各方面的管理业务，包括项目管理、三维工具、系统平台、BOM清单等；这些方面一一进行阐释，显得平淡、琐碎；但是只阐释部分方面，又会显得内容不丰满。深圳的项目经理苦思冥想之后，终于灵感闪现。他创造了一个"过程管理可视化"的概念，一下子把多方面统一了起来。这个概念既通俗又有高度，客户公司领导期望管理能够透明，可视化恰恰抓住了这个核心需求。这个概念一下子调动起了所有人的情绪，演示中大家的注意力十分集中，演示结束后客户领导非常认可深圳公司的方案。

要点二，用自己的热情感染客户。

销售代表不仅是要通过产品阐释让客户兴奋，还要通过自己这个"人"让客户兴奋。一些销售代表与客户交流时，要么语气平淡无味，没给对方留下深刻印象；要么声音很低，客户不知所云。这些做法都要改正，必须把情感注入自己的话语中。销售代表说话当然不必矫揉造作，但必须带着劲儿。话语中带着饱满情感，客户才会被感染和打动。所以销售代表最好是个充满激情的人，或者，说起自己的产品或项目时就充满激情。优秀的销售代表即使是在做常规的产品介绍，也能让客户感觉到他的那份自信、关注和热情。一个优秀的话剧演员，当他深情地表演时，即使读的只是一份菜单，听众都会潸然泪下。所以说，销售代表应该通过表情、声音、动作等，显示出自己的激情，以此感染客户。

要点三，刺激客户的竞争心理。

如果客户犹豫不定，刺激一下他的竞争心理也是个好办法。比如销售代表这样劝说威豹健身房的老板："温老板，现在人们对健身的热情越来越高，花样也越来越多，所以我们的多功能跑步机现在卖得很火。上个月，马路对面的威虎健身房和威龙健身房都进了一批。"这位温老板的性格就是温温的，谈了好几次，就是下不了决心。现在销售代表用他的竞争对手的做法刺激他一下，他有些坐不住了。花钱买新产品对消费者的吸引力有多大，一下子可能看不清楚；但不买新产品就会落后于竞争对手，这个可是明摆着的。温老板有点急了，立即决定购买产品。

★ 以上是提升说服力的两个办法，最后我们介绍和客户沟通的良好做法。

销售代表要搞定一单业务，短则数周，长则数月，其间要不断和客户打交道。像客户调研、产品演示等重头戏，当然要做得专业，但对于日常沟通的细节，也不能掉以轻心。

要点一，电话沟通时应该知道的事。

电话的好处是可以穿越时空距离，建立沟通关系；坏处也是可以穿越时空距离，把对方得罪了。是非之间，全赖打电话这个人的把握。

先列出提要。销售代表的电话经常要涉及一系列内容，不事先列出提纲，难免挂一漏万。放下电话，又想起一件事，马上又打过去，不免让对方厌烦；更严重的是，对方会因此怀疑你的办事能力。所以，销售代表绝不可形成一有事顺手抄起电话就打的坏习惯，静下来先想一想，酝酿一番情感，考虑说辞以及揣摩对方可能的反应，在纸上把要点用几个字写下来，再拨电话。

微笑着讲电话。虽然电话沟通只闻其声、不见其人，但你的声音仍然会传递出你的情绪。所以，在你拿起电话的时候，调整好自己的情绪。即使你没有柔和圆润富有磁性的声线，即使你不会字正腔圆的普通话，起码你可以微笑着讲话，友好而清晰地说出你的想法和要求，这就可以了。

上班时间一般不聊闲话。不少销售代表认为和客户一来二去已成了朋友，打电话时应该先聊一聊，再谈正事。闲聊是必要的，有很多时候可以闲聊，但上班时候不合适；所以除非你很有把握，否则还是直奔主题为好。

做记录。打完电话，马上把刚才电话沟通的结果记在记事本上。不要认为自己都记得了；现在是记得了，几天后就会忘记，而且销售代表同时联系着几家客户，还同时和一家客户中的几个人联系着，脚踩着这么多条"船"，很容易就弄混淆了，所以一定要形成马上做记录的好习惯。

先发邮件。如果是重要的业务联系，比如安排产品演示会，光打电话是不行的，还要发邮件，写明时间、地点、人物、程序等；否则光凭电话来确定，就有可能出差错，而一旦出了差错后果会很严重。

要点二，面对面沟通时应该知道的事。

现在，销售代表正和客户面对面坐着交流；此时的他，应如何举手投足才算专业？

注视对方。有研究者做过一项心理学实验，观察慈善募捐者的眼神运用，结果发现轮流看着认捐者眼睛和捐款箱的募捐者，获得的捐款最多。研究者的解析是：注视对方的人，给人心地坦诚的感觉。所以，销售代表也应该用平和从容的态度注视对方，以表示自己的坦荡品行。当然，注视不是用力盯着。在见面之初要直面对方，然后不时和对方有眼神接触就行了。

和对方距离合适。交流时双方的距离也有讲究，一般在一臂到两臂之间。偏长的话，双方关系冷淡，气氛难以融洽；偏短的话，对方可能会感到受冒犯，被你的热情熏倒。具体而言，如果对方年龄较长、职位较高，那就距离稍远以示尊重；年龄相近、职位相近，那就距离稍近以示亲密。发现对方是个理智型、分析型的人物，那就距离稍远以吻合其个性；发现对方是个热情开朗的人物，那就距离拉近以迅速升温双方关系。

把话说好。总的来说，销售代表此时的语速要比日常对话快些，这既能提高办事效率也显得销售代表业务纯熟、精明强干。音调配合着销售内容，谈到产品亮点或令人激动的地方，声音提高一点；要强调质量和保证，声音就放低一点，显示自己的踏实可靠。说话还要配合对方的语速、语调，对方说话慢而低，自己也要低而慢；对方说话快而高，自己就要高而快。

以上说的都是些细小琐碎的事，但细节决定成败。所谓事关推销无小事，细节处处见功夫。

第五章　巩固与深化

销售代表详细展示、阐释了产品，客户感觉还不错；但还会有异议，还要和其他竞品对比，还要谈价格。销售代表把这些都做好了，客户就基本被你征服了。

1　化解客户的异议

★做好准备，听清异议。

客户听了你有理有据而且生动热情的产品阐释，不由得心中阵阵激情涌动："嗯，东西不错，真是有些想买，但是……。"他一定还会有一些疑虑，就向销售代表提出：

"你这种电脑拎着比较重，不太方便啊。"

"你这套财务软件处理大公司的财务，看上去效率确实很高，但我们可是小公司哦。"

"你这种跑步机功能还是少了点。"

这就叫客户的异议。没关系，这太正常了，但销售代表要好好应对。

听到客户的异议，销售代表不要烦恼，这是好事，是喜事！俗话说得好：嫌货才是买货人。客户嫌产品这里或那里不好，说明客户真正对产品关注了，思考了。就像爱的反面不是恨，而是冷漠；销售代表最怕的也不是客户在挑剔，而是客户的不关注。客户提出异议，这说明我们的推销前进了一大步。销售代表把异议应对好了，离成功就更近了一步。

要回答好客户异议，就要事先做好准备。前面说到，见客户前要对产品的各种性能了然于胸。但这对于应对异议还是不够的，应对异议必须专门做准备。

销售经理在销售代表们第一次出门见客户前，就要召集会议，或叫"赛前训练"，让大家思考，客户可能会提出什么异议，并一一记录下来；然后整理归纳，列出典型的客户可能提出的异议。要求销售代表熟记于心，到时不管客户怎么盘问，都能即时自如回答。要知道，回答异议时，一个犹豫不定的眼神，一句"这个问题嘛，我明天再回答你"，都会给推销减分。在这"赛前训练"中，销售经理可扮演客户，想办法刁难销售代表。当销售代表回答了异议后，销售经理去反驳销售代表，逼得销售代表还要灵活应对。通过这种训练，销售代表能迅速化解客户的异议。

一支销售代表队伍，第一次出门见客前，要集体做上述训练。经过一段时间的经验积累，再召开总结会议，对以上问题和答案做补充、做调整，使之更加符合客户情况。

对于某一个销售代表来说，也要做个有心人，每个销售代表情况不同，自己也要准备一个小册子，在推销过程中，及时记录各种异议，准备回答方式。

现在，在客户的健身俱乐部里，客户汪总对产品有异议："你们的跑板比较粗糙，看着质量不是很高啊，你看看别人的跑板。还有，这四个轮子的位置设计得也不好，……"急性子的销售代表听到客户这番外行的话，会急着澄清："啊呀，汪总，不是这样的，……"这种行为不可取，要充分尊重客户，保持耐心，耐心地听客户说完，然后再做解释。这种态度，有利于建立起双方的良性关系，也能增加双方的信任。如果客户反复提出异议，销售代表应有足够的耐心，继续跟客户解释，千万不能和客户吵起来，把事情搞砸。

客户说异议，有时候说得很明白、很清楚，那就可以开始解释。但也有很多时候，说得并不清楚，因为客户对这个产品也是刚认识，很不了解，想到哪儿说哪儿，比如："你们这款跑步机，质量看着不太好啊。"这时不要急着解释："怎么会呢？我们的机械性能、数字技术，都是行业内领先的。"其实客户想说的是跑板的材料。因此，问清楚后再解释。客户说："你们这款跑步机，质量看着不太好啊。"销售代表并不马上回答，而是进一步问："汪总，您为什么这样看呢？"汪总就会把具体想法说出来："跑板很粗糙啊。"这样销售代表就明白对方的具体意思了，这时才开始解释。有时候，客户就是一个模糊的想法，被你一追问，迫使他真的要好好想想，到底是哪里不满意。所以，先通过询问，让客户想清楚了，也说明白了，销售代表才开始具体回答。

★ 怎样回答客户的异议。

客户的一些异议是错误的。比如："跑板粗糙就是质量不高。"对这样的异议当然就要予以澄清，实话实说就行："这种跑板的质量是很高的，密度高，耐用；粗糙的效果是有意做出来的，为了增加摩擦、防止打滑。"又比如："你们的跑步机好用是好用，但出了问题维修起来可麻烦，我一个开健身房的朋友用过，那次坏了，你们公司要从上海专门派人过来修，耽误了半个月。"对此也要纠正："那是一年前的事了吧？现在我们已经在本市建立了专营店，有专门技师，三天内修好。"

纠正时注意，即使真理在手，也还要照顾对方面子，销售代表最好不要直通通地说："您搞错啦，其实……""您这种想法是不对的，事实是……"别当面反驳人家，要圆滑一点，让对方面子上舒服点，常用的说法是这样：

"很多人看到我们的滑板比较粗糙，都会这样想，其实还真不是。"

"您说维修麻烦，以前还真是这样，但公司后来下大力气解决，现在全国的专营店都配备了维修部，三天内就能上门维修。"

这在推销中是一个专门的句式，叫做"是的……，但是……"不管三七二十一先肯定对方的话（等于把对方的心理按摩一下），再说自己想说的话。这样既纠正了对方的错误，对方听着还舒服。可以这样说："这是个很好的问题。""您说的这点很重要。""您真是内行。""我理解您的想法。"

另一方面，客户有一些异议是正确的，就是事实。比如你们的跑步机功能较少，或者你们的交货期较长，或者你们的电脑比较重，或者你们小家电公司广告做得少。这时不要去否认，不要去千方百计地洗白；那只会越描越黑，自己朴实诚恳的形象也会受损。这时的常用办法是鱼和熊掌法。

销售代表们都爱自己的产品，甚至看得像自己的孩子一样，听不得别人说它哪儿不好。可是爱归爱，客观理性不能丢；而且客户也不会因为有一两个缺点就放弃购买。关键不是有没有缺点，而是优点和缺点哪个更大些。所以如果缺点是事实，那就不要回避，坦然承认。但同时要强调优点，强调这种优点对客户更有价值。鱼和熊掌法的含义是：产品的各种性能是很难兼得的，这些性能之间就像鱼和熊掌一样，我们的产品之所以更强调这些方面，是因为我们觉得这些才是熊掌，这些对客户更有价值。

比如，报社客户觉得我们的手提电脑重，我们承认。但我们之所以做得重些，是因为我们用了更结实的材料，就是不小心摔到地上都不怕，这一点对于报社记者尤其重要。

比如，我们的交货期比同行要长些，那是因为我们对质量控制得十分严格；很多同行产品出厂前会有一次检验，我们会在三种情景下做三次检验，所以我们的产品可靠性非常高。

比如，我们的跑步机确实功能要少些，那是因为我们做过调查，发现有些功能基本上没有被用过，属于多余功能，所以果断去除掉；结果呢，不仅降低了成本，降低了价格，还降低了故障率，简单些的东西还更好用。

再比如，超市的采购经理觉得我们这家小家电公司广告做得少，这话说得没错；但我们不是没钱做广告，而是因为我们觉得现场促销的效果比广告好，所以我们把重点放在了现场促销，花样多，力度大。

以上就是即时应对异议的两个方法：对不符合事实的异议，采用委婉澄清法；对符合事实的异议，采用鱼和熊掌法。

销售代表销售了几个月下来，发现有几个异议是客户必问的，那就可以考虑：与其让你说，还不如我先说，先说先主动。所以下次再见一个新客户时，在产品阐释时，就先打预防针了："我刚才说了这款跑步机的功能，您可能会说，功能是不是少了点？其实，……"把话说在前头，效果会更好些。

有个楼盘，东边的一侧对着一条铁路，其实这个铁路只是为一家造船厂保留的，一天只有两次小火车经过，速度也很慢，没什么噪音，但客户从窗户一看到铁轨就担心，开发商把这一侧房屋的价格优惠2%还是不好卖出。后来销售小姐就用了预防针法，把客人预约到下午一点进房间，正好是小火车经过的时候，就是要让客人们感受一下噪音的程度。客人们一听："还好啊，没多大声音啊，还可以优惠两万块钱？我看行。"一个销售难题就被自然化解了。

有时候客户提出的异议其实和销售关系不大，客户想到哪儿就说到哪儿，或者只是为了表现自己很精明，很高明。比如："你们这款电脑的面板纹路不好，缺乏立体感。"又比如："你们的广告为什么要请×××呢？×××不是更好吗？"销售代表一听，这些好像和购买决定没什么关系吧，那就睁一只耳朵闭一只耳朵:"您说得有道理,纹路再细些就更好了,我再给您说说我们的售后政策吧。确实,我也不喜欢×××,……我再给您说说处理器的运转速度吧。"这叫做忽略法,无关紧要的异议就淡化处理,不要在这种事情上纠缠,何必节外生枝呢。

处理异议的办法就是:准备,耐心听讲,问清楚,委婉澄清法,鱼和熊掌法,打预防针,忽略法。这些方法运用得当,客户的异议就会轻松化解。

2 凸显竞争优势

每位销售代表都要面对两个"冤家":一个是客户,一个是竞争对手。销售代表要向客户证明:我们的产品更好,我们的产品更符合你们的需要,你们的真命天子。

为此,销售代表要预先做足功课。我们现在有哪几家竞争者,它们的情况如何?很多时候,和我们打来打去的,也就是那几家对手,那平时就要收集了解他们的情况,设法拿到他们的产品,拿到他们给客户提供的技术方案,从而对他们的产品的性能特点以及营销套路了解清楚。然后和我们的产品相比较,在比较中看出我们的长处和短处,也看出对手的长处和短处。

看清了双方各自的长处短处后,就要去说服客户选择我们的产品。要知道,客户对要采购产品的了解一定是不充分的,一间酒店的技术维修人员对中央空调也就是略知一二,一间复印中心的老板对各款复印机的性能参数也是一知半解,他们需要供应商给他们一个选择的理由。销售代表要事先把这个理由想清楚,然后,关于客户为什么应该选择我们而不是别人,销售代表要言之有理、言之有据,说得头头是道。其实选谁不选谁,也没有绝对的高低标准,关键是看销售代表讲解得水平如何。

★ 在整体上说我们更适合客户需求。

如果可能，就要优先考虑这个打法，这是要完胜对手，说我们的产品才最能满足客户需要。

分享一个崔建中在《通关》中写到的案例，体会一下这种打法的精髓。

A和B两家企业管理软件ERP供应商竞争一个生产数码相机、摄像机的公司客户。A派来一位高管见到客户韩总，高管如此评价自己的产品和B的关系："韩总可能不是特别熟悉我们管理软件行业，我们和B虽然是竞争对手，但也各有分工，各有自己突出的领域。我们在离散行业，尤其是大型制造业，比如机械电子等方面有独特优势。B在化工、石油等流程行业有很好的方案。"

韩总问："ERP与行业有关系吗？"

这位高管接着说："做管理软件其实就是做行业。一套ERP有60%的内容各家软件厂商都是一样的，这叫作基础管理；还有30%的内容和行业直接相关，因为不同行业管理方式相差很大，软件设置自然各不相同；还有10%的内容则和企业直接相关，也就是各个企业个性化的方面。从以上这个角度而言，我们和B的差别就在那30%的行业内容上。我们可以给您提供一些我们以前做的机械、电子企业的客户经验，您参考一下。应该说，我们和B都是国内一流的ERP供应商，但我们的特点更适合贵公司的行业情况。"

后面，A又要和另一家对手C竞争，这一次那位高管还是谈论不同性，但不再谈行业的不同，换了一个角度："我们A和C相比哪一个更好些？这个问题我经常被问到，每一次我都觉得很无奈。"说到这里，高管脸上很自然地浮现出无奈的表情，"怎么说呢？实际上从公司的经营理念到市场定位，再到研发战略，我们和C都有很大不同。如果用一句话概括：C

可能更愿意提供产品,他们更希望把一套产品卖到全国乃至全世界。这样的话软件公司本身能得到最快的发展,说实在的,我们对C的快速发展还是很佩服的;而我们更希望给客户提供解决方案,提供解决问题的方法。"

这番话听起来不偏不倚、客观中肯,对竞争对手还恭维有加,其实用心"险恶"。客户买软件就是要解决自己的问题的,至于这套产品如何能卖到全世界,软件公司如何有最快的发展,和客户并无直接关系,这么一说客户肯定倾向A软件了。

如果是国内公司和国外公司竞争,国内公司的销售代表则可以从国情出发谈适应性。我们承认国外的设备比我们的先进,但先进的不一定是好用,国外的那种先进设备对操作工人的技术、管理水平、配套设施要求更高,所以在选择时,你们客户应该是不求最先进的,只求最合适的。

再说一个倪建伟在《销售就是要搞定人》中的例子。

德国佳菱公司生产阀门等工业品,它的一位销售代表在对荆门铁矿的销售中,了解到竞争对手金海公司向客户推销的产品。把竞品和客户情况比照后,销售代表直接找到客户的操办人朱科长:"领导,我向您反映个事情,金海公司的产品不适合你们这次采购的技术要求。"

朱科长有些吃惊:"哦?怎么说?"

销售代表:"我们的产品使用的是球墨铸铁,而金海公司产品使用的是灰口铁。依据国家的材料标准,我们的产品承压16千克,金海公司产品的承压才10千克,而你们的常规压力已经达到7千克,要是一个水锤下来,就是14千克,所以它们的产品一旦投入使用,必然会出现质量问题,严重时会使你们停产!"

销售代表义正词严地继续说:"希望你们认真评估他们泵的风险,我是从一个销售人的良知出发才这样说的,本来不应该说竞争对手的坏话,但我不能眼看着他们忽悠你们!"

朱科长的上级差不多已经被金海公司搞定了，现在销售代表说得这么严重，朱科长马上汇报上去。上级一看无论如何设备一定要安全，于是马上找金海公司派人来解释清楚。金海来的经理解释得并不好，态度还傲慢，客户上级被激怒了，选择了销售代表的佳菱公司。

再说一个粘胶销售的例子。

一位粘胶公司的销售代表来到一间大型图书馆，向负责书籍维修的馆员推销自己的粘胶。

馆员：谢谢你，我不需要你们的粘胶。我上个月开始负责这项工作后，强劲公司的销售代表已经来和我谈过了，他推荐了一款粘胶，我感觉不错，现在已进了一批货。

销售代表：哦，如果您已经选定了，不买我们的没关系；不过，您觉得他们的产品如何？

馆员：我还没用，下礼拜才开始整修书籍。我看他演示了一下，胶力很强，而且他说这款粘胶是市面上最畅销的两款之一。

销售代表：这款粘胶是什么牌子？

馆员：我记不起名字了，东西就放在那里，你看一下。

销售代表过去一看，吃惊地叫出来：喔，天啊！

馆员：怎么啦？有什么问题？

销售代表沉重地说：我必须告诉您，这种粘胶完全不对！

馆员不以为然：算了吧，因为我没买你们的产品，您就说这种酸葡萄的话，小伙子，你的修养还不够哎。

销售代表：这不关修养的事，我说的都是真心话，您要真的用它，一定会后悔的。

馆员板起了脸：那天我看着那位销售代表演示，效果非常好。

销售代表：是的，这种粘胶的黏性的确超强，但问题是，过几个月干燥以后，它就会变成坚硬而没有柔韧性的硬质。所以，您用它去粘脱落的书脊，等硬化后再打开书时，不是撕破书页，就是再度损坏书脊。

馆员：真的是这样？为什么呢？

销售代表：因为这种粘胶是用木浆制成的织维胶，会随着时间而自然退化，像书这种长期使用的物品是不能用它的。我今天带来的粘胶，用的是高分子化合物，几十年都不会脱落。

馆员心情有些不好：他们为什么会这样？

销售代表：可能是他们现在没有我们这种货吧。

馆员沉吟片刻：那你们的产品怎样？

销售代表：我们的粘胶最大特点就是柔韧性，它会始终保持柔韧性，不管翻阅多少次，都不会断开，也不会使书页脱落。

馆员在犹豫：也许过一段时间他们会有这种柔韧的粘胶，要不然我现在要求他们换货。

销售代表：他们把那种货推荐给你们，就说明不是很负责任。

馆员：你是说把这批货退给他们，改成向你进货？

销售代表：是这样的，我明天就把货发来，您下礼拜就可以按计划整修书籍了。

★ **强化我们的优势，强化竞争对手的劣势。**

首先，强化我们的优势。

大部分情况下，同类产品之间互有优劣，上面说的那种把对手一棍子打死的做法是用不上的。那么退而求其次，我们就多往自己脸上贴贴金。

如果我们公司历史较长，那就要强调我们的质量可靠、信誉保证；如果我们公司成立时间较短，那就强调技术独特，直接和国际水平接轨。如果我们是大公司，那么长处就是产品先进，技术强大；如果我们是小公司，也不要妄自菲薄，我们也有长处：价格较低，对客户重视，会全力以赴把客户服务好，对客户的服务需求响应快速。尺有所短、寸有所长，我们的长处就像海绵里的水，挤挤总会有的，而且还越挤越多。

孙力在《胜算》中讲过一个案例。民营通信设备公司恒佳和美国大公司爱西竞争乌市电信局数字交换机的大单，现在恒佳处于下风。爱西是国际一流公司，产品先进、功能齐全。但恒佳找到了爱西的一个短处：爱西产品需要从美国空运过来，每运一次，运输时间和海关手续加起来要半个多月甚至一个月，所以要求乌市电信局把未来三年的用户板现在就一次性采购完成，这就增加了乌市电信局的付款压力。恒佳作为国内企业，在乌市设有办事处，可以让乌市电信局随着电话放号的进展，每半年甚至每个季度增购一批用户板，付款压力小很多。后来恒佳的客户代表约见电信局局长时把这点提了出来："局长，这就像酒楼上菜一样，要是一下子把菜都做好端上，再好吃的菜凉了也失了味道，陆陆续续端上来，不是味道更好？"

恒佳后来又找到一个自己的优势：国产。细究起来这一点甚至都不能算优势，但恒佳围绕这点做文章，办法就是造舆论，打爱国牌、民族牌。在乌市的主要报纸上发表文章，宣传中国人用中国人的产品，应该支持自己的民族工业，而且现在我们国货的质量比以前已经大大提高，价格却很便宜。身为国企，电信局面对这样的舆论必然顾忌。

其次，强化竞争对手的劣势。

比如，一家客户公司要采购电脑，我们竞争对手的特点是：质量稍低，价格也较低。那么销售代表就要对客户突出质量低、档次低的严重后果：出故障可能性大，一出故障就会影响工作的正常进行；员工看见公司配的电脑如此低档，对公司会缺乏信心；合作伙伴及其他人来公司一看电脑档次不高，对公司的印象评价也不会高。

又比如，一所中学要采购150台电脑，某高档电脑的销售代表发现有两家竞争对手的价格较低，选用的液晶显示器也比较低档。于是在和客户使用者也就是老师们交流时，强调液晶显示器的辐射性对健康影响的严重性。教师中女教师居多，其中还有几个孕妇，一听此言都很担心，销售代表趁机"怂恿"他们向采购决定者后勤副校长提意见，在制定招标的评分标准时，给液晶显示器很高的权重。

要讲明这些技术性能方面的优缺点对比，销售代表要尽量放慢语速，但很多时候，销售代表是想慢慢说，可是客户没有耐心慢慢听。对此销售代表可以换一个做法：写一份关于几家产品的性能对比说明。要突出自己产品的优点，要有理有据，把打印件给客户的主要负责人都发到，这种方式显得很郑重，客户一定会重视，效果很不错。

★ 对于我们的劣势，以即对手的优势，要尽力弥补。

我们的产品一定会有某些地方不如对手，强行否认反而不明智。这时销售代表要承认它们，但设法从其他方面加以弥补。

继续拿电脑做例子。关于A对手，它价格比我们低，这是我们的一个劣势，要加以弥补，我们的销售代表就可以这样为客户分析："看起来价格低能降低开支，但因为使用的一些元器件质量不高，时间一长出故障的可能性就高，出了故障就要花钱修理；所以虽然采购成本低但使用成本高，而我们的电脑虽然采购成本高但使用成本低，算一下总账，他们电脑的总成本并不低。"关于B对手，那是国际知名品牌，它的故障率是最低的，我们的产品确实比不了它。但是，我们作为国产品牌，服务网点非常完善，电脑真出了问题，我们24小时内就能上门解决。

再说一个咨询公司的例子。竞争对手咨询公司有两个很有名气的顾问，我们咨询公司则缺少这样的顾问，那么我们的销售代表在面对客户时，可以这样来弥补："那家对手公司虽然有知名顾问，但也只有两位，全部顾问不到十名。我们公司独当一面的顾问有二十多名。如果你们客户选择了那家公司，两位知名顾问不太可能花很多时间为你们服务，会派一名助手具体操作，咨询效果不一定比我们公司好；而我们公司一定会派一名独当一面的顾问全程操办。"

★ 在竞争中保持人品。

在面对客户时，要扬长避短、凸显竞争优势。竞争固然激烈甚至残酷，但销售代表要在客户面前尽量保持文明形象、君子风度，这会使客户对我们印象更好。

首先，最好能"伤"对手于无形。

比如，知道对手产品没有某项功能而我们有，在和客户各种人的接触中，就强调没有这项功能的后果，会如何带来一系列问题，还摆出一些证据；但不直接说对手，而只是就事论事说这项功能。反过来，如果对手有某项功能而我们没有，就利用各种机会向客户淡化这种功能的作用，也是就事论事不提对手。再比如，ABC三家公司竞争一个客户，A为了强调对手的劣势，销售代表就在和客户单位里各种人的接触中，表达一个意思：B销售做得最好，C名气最大，A在这两方面都不行，只能靠产品说话。还编了个顺口溜：A的产品B的名，不如C的销售行。这话听上去好像A很低调，还表扬了另外两家，其实是明褒暗贬，因为客户最关注的是产品，而不是你的名气多大，销售多厉害。

其次，不说高低说不同。

人与人喜欢比个高低，谁更厉害、谁更先进、谁更全面，但这种话从我们销售代表口中说出来去评价对手，总会让客户感觉不够客观。因此，不说高低而说不同，就是一种显示客观性的方法。但是光说不同也不行，还要说我们的这种特点更适合客户需求。

第三，不要情绪化地贬低对手。

不要说"他们的产品，真的没法和我们的比。""他们使用的技术，现在已经落后了。""他们的产品，很难满足你们的需求。""我们的产品，比他们的好太多了。""我们的设备，不光是加工性能好，而且使用成本也比他们的低，操作还更方便。"这些都是主观性、情绪性很强的语言，会让我们在客户心目中减分；客户会觉得我们理性不足、人品也不高；客户会心理嘀咕："对手真的有你说的那么差？你们真的那么好？看来你也就是个只会说对手不是的小销售。"结果没把竞争对手伤到，反而把自己伤到了，而且这种话传到对手耳里，定会引来对手报复。

第四，文明的攻击。

很多时候，需要在客户面前直接"攻击"竞争对手的弱项，但在"攻击"之前要说几句冠冕堂皇的话，比如"我们很尊重那家公司，他们的产品在有些地方确实做得不错，但是……"；在评价竞争对手弱项时，注意措辞，要显得客观、理性和中肯；而且最好只对客户负责人说，不要有其他人在场，其他人在场时尽量只说些套话、场面话。

★如果竞争对手已经明显占据上风，不要逆势而动，而应以退为进。

有时候，销售代表和某客户接触时，对方已经在使用另一个牌子的产品了，或者虽然客户还在选择，但明显已经心有所属了，这时如果销售代表不甘心，非想着把局势搬过来，尽力攻击那家牌子，那只会激起客户反感。这时销售代表应顺势而为，以退为进，等待机会。

分享一个倪建伟写的案例。

生产阀门等真空设备的德国佳菱公司一位销售经理，经朋友介绍来到一家化工企业采购部，和对方冯部长交流一下看看有什么合作机会。

销售经理：冯部长，你们以前用的真空设备是哪家的？使用效果怎么样？

冯部长：是山东××厂，效果很不错。

销售经理：你们用了多少年了？

冯部长：七年多了，质量一直很好。

销售经理明白了，对方对那家山东企业十分满意，便顺水推舟：嗯，山东那家厂在国际上属于20世纪80年代的水平，在一般的工作场合来讲，如果工作环境不算恶劣的话，它们的产品是中国目前性价比最高的。我去他们厂看过，应该说在中国，他们算是做得非常好的了，你们买到了好产品。（这番话可以说是话里有话，既充分赞扬了对手，又说出了对手的局限性：只是20世纪80年代的水平，只是在国内品牌中最好，从而为以后的销售埋下了伏笔：如果贵公司想更上一层楼的话，还是要买国际品牌，比如我们德国佳菱公司的产品。）

冯部长听了销售经理的话很高兴，这意味着连山东那家公司的竞争对手都认为它的产品的确好，可见自己决策的英明，他说：我们当时选择时可是考察了很多厂，最后觉得他们的最好。用了这么多年，除了轴承偶尔烧坏需要更换之外，其他的都非常好。

销售经理听了，便为对方认真讲解了一番：这个嘛，真空系统的轴承有两个，一个是承重轴承，一个是定位轴承，你说的轴承烧坏的情况，估计是承重轴承的问题。承重轴承之所以烧坏可能是你们的轴承定位盘磨损了，荷载超过轴承能力而导致这个结果。

冯经理说：哦，我们碰到这个事情都是直接把轴承换掉。

销售经理给出专业的建议：你们经常检查一下定位盘的磨损程度就可以避免这个故障了，换轴承也是要花不少钱的，还是换定位盘划算。不过我们公司的产品采用背靠背泄压的技术，这样取消了定位盘，减少了维护点，也使轴承无过压的隐患。（这番话既诚恳地为客户着想，又带出了自己产品的优势。）

说到这，销售经理拿出一个本子，随手在本子上画出了自己产品和山东那家产品的结构图，冯经理看得也很仔细。销售经理没再多说，就告辞了。

两个月后，身在外省的销售经理突然接到了冯经理的电话，说最近要采购一套真空系统，请销售经理报价。销售经理说："我现在外省谈业务，抽不开身，您找我们公司当地的办事处谈吧。"冯经理说："不行，我们只和你做，我们办公室里的人都认为你做事比较实在，都很相信你。你上次来我们办公室，从技术、价格上做了客观的对比，又免费帮竞争对手分析故障点和解决办法，我们都信任你。"销售经理就说：谢谢您的信任，我们都是抱着把事情做好的心态去工作的，这样吧，您把型号给我传真过来，我这两天给您报个价吧。"

3 报价的艺术

销售产品就是谈两件事：性能与价格。前面说的四个做法、两个办法，以及化解异议、击退竞争者，全都是说的性能，现在我们要谈价格。谈价格，要艺术地处理，处理得好甚至能增进感情。

艺术之一：迟报价。

性能意味着客户能得到什么，我们要从各种角度来说明产品性能，让客户越听越喜欢，当他们对产品的热爱被充分激发出来后，心中兴奋而放松，价格就不再是一个大的问题。反过来说，在客户对产品还不是十分了解，更谈不上喜爱的时候，就报出价格，他们会心头一紧。价格意味着付出，这个多功能跑步机怎会有如此高的价格？早报价还有一个风险：竞争对手知道后，会报出比我们稍低的价格，这样我们就更加被动。

到底推迟到什么时候呢？我们希望在得到客户的认同后才报价。认同既包括客户对产品的认同,对产品带来的利益、价值和愿景的认同,对实施和服务保障的认同,也包括对销售代表本人以及他所在公司的认同。有了认同,报价高点问题也不大;没有认同,报价再低客户都嫌贵。

所以,把报价那一刻尽量往后推,一直到赢得认同才报价。先努力展示产品,培养客户对产品的感情,一直到感情深厚了,才报价。客户会心急,中间就会问:"你们价格多少?"这时销售代表要像斗牛士那样,看到牛竖着牛角冲过来了,闪躲一下:"吉经理,不同品种、不同配置的价格不一样。我们还是先看看你们需要哪一种,我们再好好看看产品吧。""吉经理,我们还是先把产品性能了解清楚,等你们明确了确实需要购买,我们会给你们一个合适价格的。""放心吧领导,价格不会是我们合作的障碍。"实在推不过去,客户非要我们现在就报价,我们还有一招可以使出:模糊报价法。告诉客户我们一般不在现在这个阶段报价,但根据我们原来做过的单子,类似这样的情况,价格一般在多少至多少的范围区间内。这样做,也算是给了客户回答,还可以试探对方反应,并为自己留下一个弹性的回旋余地。

如果吉经理真的就是急性子,非让我们现在就明确报价,那也没什么大不了的,这一关总是要过的,那就直接报给他。

艺术之二:在恰当的气氛下报价。

经过一段时间的努力,客户对我们的产品已经比较了解、比较喜欢、比较认同了,现在可以报价了。但是为了效果更好,需要再挑个恰当的时机,最好是在客户心情好的时候报价。人逢喜事精神爽,客户心情好了,谈判也就会顺利一些,谈出来的价格就会高些。

客户什么时候心情好呢?于私,比如儿子考上名牌大学了,自己股市上赚到钱了。于公,比如这段时间公司销售额上升,自己部门的工作很有起色,等等。所以,在这段准备报价的日子里,注意感受客户的心情。在沟通交流时问问：最近咱们公司生产情况怎样？主体设备试运行怎样？咱们部门半年考评情况不错吧？孩子高考成绩出来了吧，考得很好吧？一旦发现对方心情不错，就马上报价。反过来说，一问之下发现势头不对，对方烦躁不安，原来正在试运行的主体设备昨天突然趴下不动了，到现在还没修好，那就不要急着报价了，等等再说。

艺术之三：价报得有道理。

客户看到我们的报价，第一反应永远是：太高了吧？对这一疑虑我们必须立刻清除，必须让客户知道：我们可是讲道理的人，我们的报价绝对是合情合理的。

首先当然是说我们的质量好，材料如何金贵，工艺如何先进，功能如何齐全，名声如何响亮。我们是牌子货、高档货，不是那些一般的产品能比的，一分钱一份货的道理大家都是懂的。如果采购者是客户的中层，这时还可以设身处地地为对方着想："您买我们这种业内知名品牌的机床，保准没错。这么说吧，和汽车一样，再好的机床也不能保证绝对不出故障，一出故障，老板就会怪罪。如果您买的是我们这样的知名品牌，就好比买的奔驰车，出了故障老板也不会怪您，只会说连奔驰车都会出问题。但您要是买的不知名牌子，出了问题老板心里对您就有想法了。"这番道理一说，客户的中层购买者就不会再努力为老板省钱了，保住自己的清白要紧。

另外，在报价中要具体地列出各种主件、配件、材料的价目，列出各种费用的价目，列出项目实施中需要多少人、多少天、什么工作内容；越是复杂的项目，列出的单子就越具体；比如价格是 53 360 元、947 元，不要写 53 000 元、900 元。这样的话客户就会知道报价中的每一分钱都没有乱花，它们都一一用在了哪些地方，也知道我们是认真细致负责的人，心里面会舒服很多。在某些时候，可以列一张成本清单给客户看，然后加上 10% ~ 20% 的利润。当然这样做有些麻烦，增加了很多工作量；而且清单中哪些价格报高一些、哪些报低一些，列出的成本中哪些更准确些，哪些有一些水分，都要动脑筋。虽然麻烦，还是要给客户一个明明白白的交代。

再一个做法是提出参照者。很多公司为了提升销售业绩，都花大力气树立一个自己的样板客户，销售代表在谈新客户时就可以拿样板客户做参照者，比如一家桑拿设备公司的销售代表面对新客户美人鱼水城的老板："您看，美海豚水城的桑拿设备就全是我们公司的产品，我知道您和他们老板熟，您可以问问他们买我们产品的价钱。真的，现在这个价真不算高。"注意，美海豚是我们的样板客户，我们在它那里可是下了很大功夫，给了不少优惠，他们有义务按照我们定下的口径说话。总之，买卖双方谈价格，公说公有理，婆说婆有理，这时如果拿第三者做参照物，双方接受起来就容易很多。

艺术之四：让客户感觉钱花得值。

即使前面把产品性能说得如何好，现在说到价格，客户还是有疑虑：这样的产品性能真的值吗？这时如果能把产品性能换算成金额，性能就直接和价格发生了关系。

可以把产品性能换算成收益或利润。十几年前很多城市的电信局是不给市民用户寄电话费单的，因为每月几十万封信实在是太大的工作量。这时 IBM 向各地电信局推销一种专门制作电话费单的大型打印机，集打印话费单、折叠话费单、打印信封、装信封于一身，一天可以打印制作十四万封。很多电信局很感兴趣，但对于 80 万元左右的价格心中纠结，这时 IBM 的销售代表就会给他们算一笔账。每月寄几十万封信出去，是可以带来广告收入的，报纸是这么做的，现在已经实行寄话费单的几个城市的电信局也是这么做的。一个 30 万家庭的城市，每月话费单成本 6 万元，打印机折旧 0.5 万元；而这 30 万封寄到每个市民家中的信，最保守估计也能有 10 万元的广告费。所以，买下使用这个打印机，不仅提高了电信局的服务质量，还能为电信局带来额外收入，这是一举两得的好事。这笔账算下来，各电信局局长纷纷表示：这主意不错，我看行。

为了让客户建立起产品能获得利益的概念，不少销售代表说到价格方面时，有意不说"成本""开支"这样的词，而是说"投资"，比如："这次你们美人鱼水城投资 120 万元用在桑拿设备上，每个月的收入起码增加 20 万元。"这样客户接受起来容易很多。

再换个思路，不是都说省钱就是赚钱吗？那我们也可以从产品如何帮客户省钱这个角度来算账。"你们服装公司如果买了我们胜家这款缝纫机，即使保持现在每月 12 000 件的产量水平，也可以少请 12 个员工，每月人工费就可以节省 4 万~5 万元，你们觉得划不划算？"好产品、好设备可以节省人力，也能够节省水、电、煤、原材料等开支，这些都可以拿出来算。所有的机器设备都有一个维修费用的问题，我们这种数控机床售价是高些，但可靠耐用，维修费低，所以算起总账来是很划算的。还有一种产品，是专门为客户预防损失的。"你们服装公司是买 100 个灭火筒还是 150 个？我看要买 200 个。一个灭火筒七八十元钱，多买 50 个才花三四千元。这点钱和火灾比起来算什么呢？"

客户花钱，心都是在流泪的。现在跟他讲明白：花了 10 万元，但能进来二十万元，或者节省 15 万元，客户听了，才会破涕而笑。

艺术之五：报高价和差别报价。

首先，报高价。

想卖给威豹健身房 20 台多功能跑步机，我们卖方能接受的价格是一台 11 000 元，那就报价 12 000 元，稍高一些，因为跑步机不算复杂产品，对方对于市场行情也比较了解；如果是卖一种新型的高科技医疗器材给医院，这属于复杂产品，还是新产品，对方对于行情所知甚少，那就报得高些，可接受价格是 8.5 万元，报价可以到十二三万元。对方如果不了解行情或者很想购买，可能一下就成交了；如果对方也很精明，千方百计地砍价，那就慢慢谈吧，从高价慢慢往下降。

报高价除了是想多获得利润之外，还有为以后的降价预留空间的作用。在谈判中，我们卖方是一定要降价的，既然如此，那就早做准备。如果我们预计这套交换机最后的成交价大概在 110 万元，我们就要报高些。这时我们要预计好：哪些方面可以降 20%，哪些方面只能降 10%，那些方面不能降；面对客户的直接经办人，可以降几个点；最后见对方老总，还可以降几个点。这些都想好后，最后决定报 126 万元。

其次，报几款产品、几个价位，让对方选择。

如果只报一款产品一个价，客户会觉得很被动，有一种被强迫的感觉；同时报几款产品及价格，让客户选，客户感觉就好很多，觉得自己握有主动权。有时客户会问："这三种产品差别在哪里呢？为什么这一款价格那么高呢？"销售代表就顺势给客户介绍一下我们产品的优越性能，客户十有八九会选择性能最好、价格最高的那款。这最好一款客户可能还会还价，这时销售代表可以坚持不再降低价格。

艺术之六：科学地让步。

报价后，双方就要谈价格，让步总是要的，但要让得科学。

不能说对方一提要求我们就急着让价，那对方就会认定我们是漫天要价或者软弱可欺的人。所以让价要让得缓慢，让客户感觉到你让得痛苦。你可以表现出一副一筹莫展的样子："老兄，还要再降啊，您太厉害了。""您这样的要求，我都不知道怎么向经理开口。""您让我真是太难做了。"在答应让步时，别忘了营造一种无奈的气氛："实在是没办法了，行！再降一个点！""我豁出去了，就按你说的这个价了。"

让价的幅度要从大到小。先让 5 个点，再让 2 个点，最后再让 0.5 个点；让对方意识到我们正被逼向墙角、退无可退了。要是反过来，先让 0.5 个点，再让 2 个点，最后让 5 个点，对方看到我们越让越大，感觉底线在哪里简直深不可测，认为我们开始时的报价就水分很大，那就穷追不舍、更大的果实还在前面呢。

在让价的不同阶段由自己公司不同层级的人出马。作为销售代表，可以给出5个点的优惠。对方如果不满意，业代就要后退一步，把经理请出来；经理出面会见客户负责人，说："价格方面的优惠能给的都给了，这样吧，为了达成协议，我们可以把免费服务期从一年增加到两年。"对方还是不满意，销售代表和经理都要后退一步，把更高领导请出来；一位副总出面来见客户主管副总，说："价格和服务方面的优惠能给的都给了，这样吧，这单业务确实总金额比较大，对我们双方公司的发展都是意义重大，我和我们几位老总专门研究了，如果我们双方能签一个五年的战略合作协议，我们可以再优惠3个点，这也是我们的底线了，我们从来没有给出过这么优惠的条件。"客户终于满意了，签下这笔大额合同。在整个过程中，我们是在让步，但让得有理、有利、有节。我们绝没有漫天报价，我们是严格按照自己公司的政策做事的，而为了促成交易，我们从销售代表到老总都投入进来，我们是非常认真努力地寻求和你们合作的。反过来说，如果一直由销售代表一个人去和客户谈价格，效果就差很多。

艺术之七：让客户易于接受。

虽然我们使用了上面的种种行为艺术，但还是会有一些客户觉得价格高："你们这款深海鱼油要360元？没有折打？别人家的才280元、290元呢。""你们这款数控机床最低也要12.8万元？别人家的可是不超过10万元。"这时不要只想着继续降价，而要再重申一下我们的质量更好，或者服务、信誉更好，再苦口婆心地讲一讲"一分钱一分货"的道理。如果客户还是不接受，那可以尝试以下三个让客户接受起来容易一些的办法。

其一，分薄支出。"大叔，你先别急，这个牌子的深海鱼油，厂家是阿拉斯加的，那里出产的深海鱼油是全世界质量最好的，所以比较贵。其实这一瓶是要吃十个月的，看上去比别的牌子贵70元，但每个月也就贵7元，多花7元但质量最好，还是划算的。"这种大事化小的办法十分有效，价格较高的交换器、电脑、汽车、机床等使用时间较长的产品，用这个方式，客户的心头会松很多。

其二，小数额交易。"王经理，我们这个厨房用具是德国品牌，质量非常好，你们超市进了后，会很快卖出去的。还是觉得价格高？那这样，你们先不进一百套，你们先进三十套吧，试一试，如果满意再多进。"这还是大事化小的路数，看到一下子攻不下客户，就放缓节奏，慢慢来。客户用了一段时间如果觉得不错，再动员他大数额进货。

其三，改推低价位产品，也是一种见机行事的聪明做法。"万经理，这款数控机床真的不能再降了，我们已经降了3000元了。要不然这样，我推荐你们考虑另一款，价格符合你们的要求，加工精度是一样的，只是速度稍慢些。但只要你们的生产任务不是很紧，完成正常的生产进度不成问题。"

第六章　处理好三角关系

复杂产品的销售，金额大、涉及的人多，除了要向客户展示好产品之外，还要处理好各方关系。我们把这些关系分成"你我他"三个方面。"你"指客户，我们不仅是要在产品、在价格上说服客户公司的负责人，还要说服、搞定客户单位里的其他相关人员，因为大金额的复杂产品销售往往不是客户单位的一个领导就能拍板的，其他一些人也会对购买决定产生影响。"我"指我们自己公司，复杂产品销售也不是靠销售代表一人就能完成的，需要公司的其他人员、其他力量的支持配合。"他"指竞争对手，要时时注意竞争者的动态，只有打败竞争者我们才能胜出。本部分谈的就是销售代表应如何在这三个木桩上跳好舞。

1　不要一个人去战斗

关于"你我他"的三种关系，我们先从"我"谈起。

如果是在商店里卖床单，一个售货员就能搞定客人；但我们这里谈的业务代表，做的都是几万、几十万甚至几百万元的大生意，这时，一个人就不行了，就要一个好汉三个帮了。要让自己公司出动资源帮助自己，让公司里的工程师、技术专家帮助自己，让公司高管为自己出面见客户；可不要个人英雄主义，单枪匹马地一个人逞英雄。

怎么让公司愿意在这个项目上帮自己？

★ 首先是如何争取自己领导的支持。

一所大学正在新兴的大学城盖新校区，当地戴尔电脑的销售代表闻风而动，通过自己一位师哥，了解到这个新校区的电脑中心要采购几百台电脑。这时，销售代表要先沉住气，不要马上就扑上去，先和自己的经理聊聊，探探自己公司的意思。

谈的情况可能会让销售代表很沮丧，因为公司现在正集中力量全力以赴做当地电信的大单子，而且根据以往经验，学校单子的利润都比较低。所以，这位销售代表可以去做，但公司也不会给太多支持。虽然沮丧，但销售代表起码先知道了公司的态度，总好过自己盲目地跑到那所学校忙了半天，结果却发现自己公司并不支持。销售代表手里也有好几个单子在谈，根据经理的态度可以决定自己如何在这几个单子之间分配力量。

当然，上面的情形比较少见，一般来说公司对销售机会都是欢迎、支持的，所以更常见的是销售代表需要知道经理的具体想法。现在离年底只有三个多月了，今年整个部门的任务完成得不算好，那么经理对于这个项目，是不是想短平快地签单回款呢？销售代表走进经理办公室，向经理做了汇报，经理指示要放长线钓大鱼，要认真和那所大学谈，价格可以优惠，服务必须做到位，需要公司提供支持尽管提出。把这所大学做成样板客户，然后把它当成我们在大学城的滩头阵地。

以上几种情形都可能发生，所以销售代表在见客户前一定要先和自己的主管谈谈，汇报情况，了解公司的意图，然后据此确定自己的销售方针，如何和客户谈条件；而且事先汇报也充分显示了对经理的尊重，显示自己的团队精神。公司愿意给这样的下属更多的支持。

换一个角度，销售代表面对经理也不是完全被动的，也要注意发挥自己的能动性。听完销售代表的汇报,经理也可能会一时间拿不定主意,因为他对这个客户的情况还不是很了解,这时销售代表要多做努力,说服经理给自己更多资源支持。

比如,虽然学校客户利润低一些,但到货后很快就能回款,对于部门年终业绩立刻就能做出贡献;比如,这所学校在大学城里建设较早,如果成功,就能对其他学校有辐射作用;比如,虽然一期采购金额不大,但后面的二期、三期总规模是很可观的;又比如,部门近几个月的业绩都不好,需要一个短平快的项目提振士气。总之,想方设法找些理由,争取公司的支持。

让经理以及公司管理层支持自己,当然不能只靠上述做法,这是一项长期的功夫。比如在日常工作中,管理者会交代一些事情去做,有心的销售代表就会用心去办好,办得比管理者预想的还好,几次下来,一个"严谨可靠""细致认真""负责任"的形象就建立起来了。还要注意礼仪,给领导留下一个"办事得体有分寸"的印象,领导才会放心支持你。

★如果一个项目稍大一点,就会需要协同公司其他人员共同作战,这时,冲在最前面的销售代表就要根据销售进展在公司内部做汇报、协调、安排。发邮件在这里成为最常用的工具,邮件发得好不好,会直接影响销售代表获得的支持和配合。

邮件的基本要求是简洁、清楚。工作邮件力求简短,最好不超过一百字。不说官话、废话、套话,业务情况分段说明。第一段可以是问候、开头、主题、目的,之后一件事情一个段落,简单明了。切忌写邮件不分段落,那会直接增加阅读难度,给客户留下不好的印象。

内部工作邮件有以下几种。

一是进程汇报邮件。首先致谢:"感谢各位领导和专家的关注和支持,经各位指导和共同努力,某某电信的项目有了新的进展,特向各位汇报。"

然后将进展情况、公司内的参与人、下一步计划逐一简洁说明，最后请大家提供更多指导和支持。这种邮件的主要作用是总结汇报，有"告知"的意思。销售中的很多事情即使销售代表不说，大家也会道听途说；现在发正式邮件，不仅增加其他人员的参与感，让对方感觉被重视，还有利于协调资源和后续跟进。这种邮件最好不要把话说得太满，给自己留些余地；以免项目最终实现不了，自己处于尴尬境地。所以原则上只说客观发生的事实，尽量不掺杂自己的判断或想法，如果有必要预测进度，可以说"进展正常，估计应该一月份有结果"，而不说"应该一月份能搞定"。这种进程汇报邮件可以发给项目组所有人。

二是行动计划邮件。这是关于我们下一步要采取什么动作的内部邮件，要说明这次行动的目标和对象、计划和分工，还要强调注意事项。在行动计划中可能会请出公司的某位高管去见客户的某位高层，那么在邮件中说到这位自己的高管时，称谓可以有意抬高些，这样销售代表就给自己的高管留下了"会办事"的印象。这种邮件发送的范围要小些，给直接参与行动的同事以及他们的上级就行了。

三是关键策略邮件。这是关于客户关键人物的最新动向、关于竞争对手的最新动向、关于应对竞争者的最新策略等重要信息的邮件。因为事关重大，所以只发给自己的上司，让他及时了解情况，做出决定；为了网络安全，可以不发邮件，当面向上司汇报。

为什么上面三种邮件我们都要强调发送范围？因为稍大的项目公司都要成立项目组，高层领导挂帅，事业部和大区领导重视关注，各部门人员协同配合，如此一个团队作战，参与人多，竞争环境复杂，竞争对手会无孔不入，所以保密意识十分重要。

★销售代表如何获得公司内技术专家的支持配合。

虽然我们在最开始时说销售代表要先充分熟悉产品,但比较复杂、技术含量高的产品,比如一家企业的信息化管理软件,一家酒店的中央空调系统,一家印刷公司的印刷设备,这些项目的技术阐释,就不是销售代表能胜任的了。销售代表能做一些初步的、简要的说明,但要把其中的技术性能讲深讲透,就要自己公司的技术专家出马了。这样一来,销售效果会更好。销售代表谈交易条件、谈价格,技术专家谈技术,分工明确,相得益彰。如果销售代表既谈价格又谈技术,可信度就会受影响,客户代表与技术专家分工合作,才会收到更好的效果。

技术专家并不是技术越强对销售的帮助越大,两者不能完全划等号。一位优秀的技术专家能够给与销售很大帮助,他应该能够根据自己产品的性能、结合客户需求谈出对客户的价值,应该能够帮助客户在面对一系列看上去差不多的同类产品时,快速认同我们公司产品的独特优势,能够独立编制产品方案,能够独立地全面演示产品。他要守住自己的本分,只负责把技术方面说清说透,至于商务方面的你来我往、讨价还价,并不参与、干涉。

所以销售代表在平时的工作中要注意观察,选择能真正给予自己帮助的技术专家,并用心去和他们相处;不要把全部心力都拿去应对客户,而忽略了技术专家对自己业务的帮助。殊不知,技术专家的支持与否,直接关系到销售代表销售的成败。

销售代表怎么和技术专家们搞好关系?

当技术专家前来支持配合时,销售代表要先和他介绍当前的情况,要见什么人,要做什么事,要做到什么程度,要表现出对技术专家的尊重。

用友认证企业培训专家夏凯在《孤独求buy》中,讲过优秀销售代表邱柏的一段经历。当时为了邱柏的一个项目，总部派了好几位公司高端人才前来支持，组成一个团队一起调研，然后为客户做方案。在他们到这个城市之前，邱柏就和他们联系上，详尽汇报了项目情况，把相关资料都发给了他们。然后，邱柏给经理发邮件，从各种角度论证拿下这个客户的意义，如愿申请到一笔经费。然后，找了一家客户公司附近的酒店，安排专家们在这里休息、研究、写方案。销售代表还请来工作人员，将房间里的电话开通长途，这样大家每天都能和家人通话。有了销售代表周到的服务，大家都很安心，踏踏实实地把方案做得很好。

如果邱柏没有想办法留住专家，没有专家们专业技术的支持，拿下客户的可能性就会大为降低。可见，销售代表下功夫争取到自己公司经理的支持、专家们的支持多么重要。

每次销售都有一个结果，或成或败，有的销售代表要是项目成功了，就认为是自己操作到位、手法高明；要是项目丢了，就怪罪技术专家不够专业，没能打动客户。这样搞个一两次，就没有哪个技术专家愿意去支持这个销售代表了。项目成功了，技术专家功不可没；失败了，就主动承担责任；不论成败，都要感谢支持你的技术专家们。

销售代表和技术专家们良好的、相互信任的关系，是要在每次接触中用心去建立的。有了这样的关系，这会给销售代表的业务开展带来很大帮助。

2　请高管出马

★当销售进展到一定程度，很可能就需要高管出马去见客户高层了。也有销售代表对此有不同看法，有的销售代表虽然到时候会申请高管出马，但心里并不觉得有多大必要，觉得这也就是按照程序走，例行公事，可有可无。还有销售代表认为不对路的高管反而带来负面效果。所以在这里要说一下高管出马的作用。

一般请高管到客户那里拜访，有三个作用。

其一，通过高管出面，表示我们公司对这个项目的重视。

其二，利用这位高管的个人魅力，充分影响客户高层对公司的印象分。

其三，由高管承诺一些销售代表和销售经理不便承诺的条件，更高层次、更长期的服务、合作条件。

所以，高管出马是必要的；但此事不能操之过急，时候过早了，反而办坏事。这就像敌情未明自己这个前沿部队就请出轰炸机，轰炸机到前沿阵地一看，没什么动静啊，白来一趟！直接回去还好，要是这架"轰炸机"生气了，会把"炸弹"全丢到销售代表的头上，这样的例子并不少见。所以销售代表还是要把前期的工作做得充分些，拿烤牛排打比方，烤到七成熟，这时可以请高管了。

具体来说，请高管出面有三个条件。

其一，这个客户的项目有一定的规模或影响力，值得请出高管。这个规模或影响力如何衡量，不同公司情况不同，尺度也不同。

其二，销售代表自己在前期销售中已经做通了客户中层关键人物的工作，但无法影响到客户高层，只能通过客户中层的促进，由我们自己公司的高管去和客户高层见面，去影响对方。

其三，平时销售代表关于这个客户项目每个阶段的进展情况都详细给高管做过汇报，高管比较清楚。这点很重要，平时不汇报，项目遇到难题了就想请高管出马，这是典型的临时抱佛脚的做法；高管既不了解情况、心理上也不舒服，很有可能不愿出马。

以上都是从我们自己的角度考虑，而客户高层愿不愿意见面，则有他们的想法。客户高层愿意见面，大致有这样几种动机：这个产品不错，基本上决定购买了，但和高管会面有可能会得到更优惠的价格和服务条款；产品还要再看看，但这家公司名气很大，和对方高管碰面，也许能开拓思路；自己的得力下属推荐的，对下属的工作还是要支持；其他重要人物推荐的，面子要给。当销售代表对客户高层的动机有个大致揣摩后，可以从这些方面努力，促成双方的见面。

★下面，销售代表就要安排实施这次高管的出击行动。

第一，低调细致地准备。

双方高管见面的事，要低调，不要让更多人特别是竞争对手知晓，这样做的好处是：避免惹到竞争对手也搬自己的高管出马，那会抵消我们这个动作的作用的；而且如果业内很多人知道了，一旦项目失败，就会有说法：某某项目公司老总去了都不行。这是很打击员工士气的。具体操作时，要由客户提出邀请，我们的高管前去拜访，不要变成是我们的高管硬贴上去。把握期间分寸：主人盛情邀请，客人欣然赴约。销售代表的准备工作要细致，在高管面前，哪怕一个细小的错误都不要犯。老晖在《思科九年》里说过一个真实的故事。一个销售代表带着自己的大老板去拜会客户，这个销售代表和客户关系处得非常好，因此对这次会面也是胸有成竹。可是那天他好心办坏事犯了一个错误。平日他都是打车前往客户的办公地点。这次大老板来了，他特意开了自己新买的小车载着老板一起去，结果因为路不太熟绕来绕去耽误了一些时间。尽管后来并没有误了约会，但老板的脸已经拉下来了，意思是：你对客户不熟悉。教训在前，销售代表老晖自己有一次也是请高管前来，他在高管来的前一天专门跑到其实已经很熟悉的客户公司，从门卫到办公室秘书再挨个儿拜会了一圈。那位秘书也深知陪同高管的不易，专门问老晖明天自己开车来吗？得到肯定的答复后，主动给门卫打电话，说明天思科公司的小车可以直接放进我们内部停车场。工作细致如此,才能把高管陪好。

第二,把握好气味相投原则。

自己公司的高管有好几位,到底请出哪一位呢?这时就要看和那位要见的客户高层的匹配情况。人和人是讲气味相投的,最好先了解一下对方那位是什么类型的领导,然后请出我们相同类型的高管。公司领导的类型通常有以下三种:擅长总体把握的管理型领导,业务纯熟的技术性领导,长于对外交流沟通的商务型领导。相同类型的两位领导一见面,没说上几句就聊到了一处,事情就好办多了。这里有一点需要注意,如果是纯技术型的公司高管,最好还是不要请出。因为销售的本质是做人的工作,虽然高管技术极强,但没多少管理和商务的经验,于销售并不一定有利。

第三,掌握好"门当户对"的尺度。

如果双方公司的规模差不多,那么我们的高管和对方的高层级别也要差不多,或者我们的高管比客户高层的级别稍高一点。如果客户规模很大,他们一个部门主管的手下能调动的资源比我们整个公司的盘子都大,那么我们的老总和他们的部门主管也是对等的。如果情况反过来,我们公司比客户公司大很多,那么我们一个大区经理就可以坦然面对对方老总,相互交流甚至给对方上课了。

第四,帮高管做好功课。

即使销售代表平时都会向高管汇报销售进展,但高管也只是一般性地听听,不会花很多心思关注。可是现在高管马上要冲到第一线,销售代表就必须把情况说清楚:这次请您亲自出马是要达到什么目的;我们技术上的优势在哪里,什么地方是我们的劣势;竞争对手有哪几个;客户的组织结构是什么样的;这次出马将见到客户的哪几个人,他们的级别和个性是什么。凡事预则立,这些情况说完,高管就心中有数了,成功的可能性就高了很多。

第五,给客户吊个胃口。

平平淡淡地操作，效果难以显现出来。一部电影上映前电影公司都要宣传造势吊起观众胃口，同样，销售代表在双方见面之前，也要先给客户高层吊吊胃口，感觉即将出场的我们的高管不是凡人，是有来头的；比如在某些方面拥有资源，或有丰富的实施经验，或有很深的技术造诣，等等。这样，对方高层对会面就会有期待感，会更投入、更认真。

第六，让高管舒舒服服地出击打仗。

高管来到了销售代表所在城市的前沿阵地，销售代表就要把高管照顾好。提前几天订好酒店房间，出行的车辆，做好一切可能的准备。同时要注意和高管的秘书及时沟通。有时候高管出来一趟要见好几个客户高层，有时也可能会出现突发情况，高管不能按时前来，这些都要通过秘书协调。总之，高管的行程，和谁见面，车辆住宿的安排，都要和高管秘书确认了以后才定。这些工作没有做好，直接影响高层领导会面的效果。

第七，掌握好自我表现的分寸。

高管前来固然给销售代表增加了很多事情，也带来了额外的压力，但销售代表更要从正面看问题。像这种和高管近距离接触的机会十分难得，销售代表应当善加把握。和高管同行同住时，适当表现自己，显示自己对市场情况、竞争对手情况、当地政府的工作重点、当地社会的风土民情，都十分熟悉；对公司的销售政策有自己的思考和想法。逻辑清楚、沟通简洁、见解独到。这样可以建立起高管对自己业务能力的良好印象，为以后获得公司其他资源做铺垫。但也要注意，公司高管前来，有时地方主管会来陪同，那销售代表就得知进退、懂分寸。高管有疑问，该地方主管回答的，销售代表不要抢着说，自己只说自己职责范围内的事情。如果地方主管对销售代表留下了喜欢自我表现的印象，对销售代表的工作开展会非常不利。

3　带客户来公司看看

请客户来自己公司看一看、考察一下，也是销售的一个重头戏。

这种鸡蛋到底质量好不好？光看鸡蛋买主可能还是不放心，那就领着买主去看下蛋的母鸡。买主一看那些母鸡个个体态健硕，就相信这样的母鸡下的蛋，质量不会差。同理，客户虽然听了销售代表的产品阐释，可还是不放心，那么销售代表就可以邀请客户到自己公司考察一番，从而更好地说服客户。

那么，我们应如何准备、安排这场重头戏？

客户高层来公司，我们展示的重点，就不要再放在产品上了，这方面销售代表和技术专家已经讲了很多。现在的重点，要放在展示公司实力、展示公司强大的生产能力上面。

要准备好宣传材料，布置好陈列厅，写好讲解词。让客户知道我们公司现在有很高的行业地位、很大的生产规模、很广的国内外销售区域；把各种产品都呈示出来，让客户感觉到我们产品线的全面丰富；把各种奖项荣誉都摆放出来，让客户感觉到我们成就斐然。更重要的，把各路政府领导、商界名人来公司考察的照片、和公司高管的合影都挂在最显眼的位置，还有政府领导的题词，这些都昭示着公司的政治资源和商业信誉。所有这些，会让客户越看越放心。

要朴实真切地展示我们的人员素质和生产能力。客户来之前，要搞一次卫生，还要叮嘱员工明天上班时注意着装的规范；第二天客户进公司一看，处处整洁而有序，人人礼貌而精神，一看便知，这是一家管理规范、积极上进、人员训练有素的公司。陪同客户考察的公司经理，对公司的一般情况只做简单介绍，把重点放在生产环节上（客户就是来看母鸡是怎么下蛋的）。比如带客户来到实施部，就介绍项目管理体系和实施顾问的必备资质；

来到研发部，就介绍产品的研发程序，可拿两个正在研发的半产品给客户看，让研发人员说说思路。多给客户看看设备、工具，这些都是客户感兴趣的，而且客户有了感性接触后，更有信任感。

给客户多讲故事，比如公司的创业故事，公司的艰辛创业历程，等等；讲我们的价值观管理特色，突出我们管理方面的规范先进。

对于前来的客户高层，我们要安排好一位级别对等的公司高管接待洽谈；但并不是公司高管的级别越高越好，因为他们可能太忙没时间准备。有时，公司的大老板出于礼仪要出来见个面，寒暄一番，说说公司的发展愿景。言多必失，事先也没什么准备，大老板尽量不要耽搁太久。

以上一系列动作下来，客户对我们公司的物质能力、文化人品、做事态度，都有了一个感性认识；再加上前面已经做的产品阐释、产品方案阐释，销售已经成功了一大半。

客户来公司考察是做客情的大好机会。如果接待得不够周到，客户就会认为我们公司实力不够，或者对他们不够重视，这两种想法对于销售都是非常不利。所以，要接待好客户。

请客户来公司考察是重头戏，前面说的产品演示会也是重头戏，这几场戏演完了，会把销售推进一大步。可也有很多时候客户对我们兴趣并不大，这时销售代表就要想办法，推动戏的上演。

用友培训专家夏凯在《赢单九问》中，就记叙了这样的一个案例。

一次用友的某销售代表了解到一家大型企业准备进行信息化建设，但已经有多家信息化公司和这家大型企业做了技术交流，其中有两家已经做了调研和方案汇报，在竞争中已占得先机。销售代表找到客户具体负责的自动化处长，几次接触，慢慢熟悉起来，但发现很难有实质性的推进，连技术交流和产品演示的机会也没有。销售代表仍然耐心寻找机会。终于有一天处长在无意中和销售代表讲：过几天项目小组由总工带队，要去一家信息化公司考察。销售代表头脑急转，想起那家公司所在城市也有我们自己的一个分公司，这个机会一定要抓住。于是正式向处长发出书面申请，邀请他们也到我们的分公司考察交流，处长犹豫："我们没有这个计划，要不到时看情况再说吧。"虽然没能得到肯定答复，销售代表仍得到了自己公司的大力支持；公司的态度是：只要有一分可能，就要去做十分努力。公司专门从北京派来一位副总和一位资深专家，要求所有员工在那天都着装齐整，材料、PPT、投影仪等要一一到位。

到了那天，销售代表在分公司算着时间，十点半时打通处长的手机："处长，我们的会议室已经准备好了，副总和集团专家也到了，您和总工说了吧？"处长答："还没说呢，过一会儿吧。"过了半小时销售代表再次拨通处长手机："处长，你们到哪儿了？"处长说："哦，那我和总工说一下。"手机没挂断，能听到那边在商量，过了一会儿，处长说："刚才和总工说了，他说如果顺路就过来看一眼，了解了解也好；但时间有限，看一下就走。"销售代表赶紧说："为了节省时间，我们到高速路口等你们吧。"半小时后，客户项目小组终于坐在了公司的会议室里。

一坐下来，总工就伸出手看看表，然后抬头说道："感谢你们盛情邀请，我们会仔细听听你们的情况。但时间比较紧，只有半个小时了，我们十二点要去吃饭，然后去省发改委办事。"言下之意很明显，给个面子走个过场而已。于是，从北京来的资深专家作为主讲人开讲。这位专家的水平在整个用友公司里面都是顶尖的，有多年的行业经验，做过多家同行业案例，对于客户这家大公司现在存在哪些问题，应如何运用信息化手段加以解决，如数家珍。客户项目小组被深深触动，半小时很快过去，总工立刻说："迟点吃饭没关系，你们继续讲。"最后一直讲到一点半才结束，然后一起吃午饭，然后再看看公司，四点多才离开公司，也没人再提去发改委的事了。

就这一天时间，产品演示和考察公司合二为一，而且双方高层也见了面，客户整个项目小组都完整参与。局面由此豁然打开，最终用友赢得了合同。所以销售即人生，起关键作用的，也就是一两个节点。

4 带客户到"样板房"转转

楼盘销售，都有样板房；先让客户在样板房里模拟体验一下，能促进客户下决心。销售的道理都是相通的。很多时候，新客户来公司考察了一番，还是拿不定主意：这家印刷设备制造公司确实不错，设备先进、管理规范，规模大、销售广；但真把这套印刷设备买回来，能够满足我们印刷厂的需求吗？真的好用吗？厂里的工程师、技术工人能很容易就上手吗？新客户还是没底。这时，一个有效的办法就是把这位客户带到我们的样板客户那里。这位新客户是东莞的厂家，正好，我们在东莞有一家样板客户，一家很大的印刷厂，两年前买了我们的印刷设备，使用效果很好，和我们的关系也很好。一番安排后，新客户到样板客户那里转了半天时间，看一看、听一听，心中的疑惑终于解除了。所以说，手里掌握一两家很好的样板客户，随时可以让新客户去观摩，是复杂产品销售的又一门必修课。

★**步骤一，样板客户要选择好。**

样板客户的业务应该是多样化的，是先进而复杂的。新客户来了一看，这么先进复杂的业务需求都能满足，也就没必要担心了。比如我们是一家机械设备制造厂，那就可以把一家离散型机械加工企业选定为我们的样板客户。离散型加工企业都是小批量生产，产品复杂，加工环节多，但我们的设备仍然能发挥出很好的作用。然后加工企业的新客户到那里参观后，就会对我们的机械设备比较信任。一般不要找小公司做样板客户，缺乏说服力。再有，样板客户应该在行业内有一定名气，当然名气越大越好。就好像如果楼盘的样板房里还挂着某位明星的照片，这位明星已经买下了其中的一套，那对新客户们就更有冲击力了。

另外，选择时要考虑交通的方便。地理位置过远让新客户车途劳累，而且安排餐饮住宿都不方便。对于一家来自东莞的新客户，安排它去东莞的样板客户那里看最好。东莞是华南地区印刷厂集中地，所以印刷设备公司一定要在东莞选定一家样板客户，以方便广大东莞的客户前去观摩。如果样板客户距离我们公司只有两三个小时的路程，那就再好不过了，因为这样就可以把样板客户考察与公司考察二合一。

★步骤二，样板客户选定后要培育好。

新客户到样板客户那儿观看，样板客户一定要帮我们说话，为此我们就要和样板客户搞好关系。对于样板客户，我们提供的产品一定是精品，我们提供的服务一定更加周到，还要适当地给以酬谢。平时要多联络感情，维护好关系，不要有新客户要来观摩了，才临时跑过来做关系；这样对方就会把我们看成重利轻友的人，不利于业务开展。

和样板客户的良好关系要覆盖到它的广大员工，覆盖到它的高层、中层乃至基层的普通员工，使他们都认同我们的服务，愿意帮我们说话。要真正做到这一点其实并不容易，那些员工在使用我们的产品设备的过程中，难免会有磕磕碰碰，现在有新客户来询问使用情况，抱怨几句也属人之常情，这都要求我们工作要细致。样板客户要给新客户做介绍，如果介绍的人业务能力突出、理念清晰，对应用情况十分熟悉，讲起来头头是道，那就会给我们很大帮助。想办法找到这样一个人，作为样板客户的代表强化和他的关系，然后每次有新客户来都让他去接待、去介绍。

由上可知，培育好样板客户需要做一系列的工作，不是靠短期突击就能搞好的，必须要有专人定岗定责进行管理，由他对口跟踪维护和样板客户的商务关系；如果这个人中途离职了，那就要做好交接工作，把这个样板客户的资料交回公司，并马上指定新的人接替。

★步骤三，新客户来了要考察好。

现在，有新客户要来考察样板客户，考察效果如何主要看样板客户代表发挥的作用。样板客户代表毕竟不是我们公司的人，所以在新客户来考察之前，销售代表最好和他面对面交流一次，听听他对一些关键问题的说辞，以确保符合我们公司的要求，防止跑题或者说出一些不该说的话。这家样板客户可能使用效果很好，但缺少系统的总结，也不知道来的新客户关注的侧重点是什么，那么销售代表以及我们的技术专家就要帮助他明确介绍的角度。样板客户代表应该围绕以下要点展开介绍：一说功能，突出介绍功能亮点；二说效果，说明这些功能带来了什么效果，最好用数字说话，比如产量提高了23%、原材料消耗降低了16%；三说实施，如何安装调试，培训操作工人，这时可以突出我们公司后续服务工作的到位，强调这样一整套设备的引进应用，难度是很大的，幸亏我们公司的实施经验丰富，整个实施过程还是比较顺利的；四说管理，要把这一整套设备用好，管理上也有一些地方要注意，把管理上需注意的地方说明白，让新客户感到只要把握住了这几点，这套设备的运行难度不算很大，管理成本也不是很高。在整个的介绍过程中，样板客户代表要有一种成就感和自豪感，说话有底气，让人信服。

主动帮样板客户代表准备材料。不管怎样，前去的新客户是我们的客户，不是样板客户的客户，样板客户不可能像对待自己的事情那样用心。介绍时用的PPT，以及介绍词，我们都要帮他准备好。

新客户去看样板，销售代表当然要全程贴身服务。

在销售代表和新客户接触一段时间后，就要考虑是否要安排考察"样板房"以及来我们公司考察等事宜。一旦明确了要考察，就要和样板客户预约时间，注意要尽量避开样板客户的高层不在、我方样板客户代表不在、休息日等情况，以保证考察效果。预先询问新客户希望了解和关注的问题，并把它们写成邮件提前发送给样板客户，邮件里写明新客户的公司情况、考察人数、时间等信息，让样板客户代表心中有数。

新客户在样板公司考察时，销售代表自觉后退做配角，但一定要全程陪同，目的是为了观察了解客户在考察过程中的各种变化，以确定下一步的推销动作。如果在考察过程中发现新客户被某一点狠狠打动了，销售代表可以抓住机会，主动出击，说不定这单生意会迅速走向成功。

考察完成后，销售代表要主动写一份考察备忘录，内容包括被考察公司情况、产品运用情况和效果、考察中交流的主要内容等，基本口径是：中立客观，回避弱点。这份备忘录可以交给新客户的考察组组长，方便回去向自己的领导汇报。有文字就有真相，特别是在竞争对手没有花时间做相似动作时。

★步骤四，把样板客户宣传好。

应用效果优良的样板客户，是我们公司的业绩之一，有了业绩就要好好宣传。公司宣传的原则是：坏事不出门，好事传千里。这里要强调一种主动宣传的意识，这也是我们公司那位对口负责人的职责之一。关于这家样板客户的签单、取得阶段性验收、最终结项、通过重要机构鉴定、获奖等好事都要及时发布在我们公司的网站上，还要在行业媒体上进行报道宣传。另外，此项工作的负责人还要请专家就这个客户的项目实施特色以及实施经验写成学术性文章，发表在专业学术性杂志上，以宣传我们的专业成就。还有，可以把这个样板客户的先进事迹带到政府和行业组织的经验交流会上去。总之，我们要把样板客户的价值宣传到位。

一家样板客户的宣传材料可以包括以下方面：项目经验总结，样板客户高层对应用效果的简短而经典的评价，产品应用后的效益证明材料，获奖情况，在媒体和杂志上发表的关于这个客户的文章。

小结一下，以上我们谈了销售代表应如何使用好自己公司内部的资源，包括如何让公司的高管、技术专家以及其他力量支持自己，如何安排客户来公司考察，到样板客户那里考察，这些是所谓"三角关系"中关于"我"的部分。下面将介绍"你"的部分，也就是怎么样说服、搞定客户单位里的其他相关人员。

5　在客户内部培养"自己人"

前面介绍的询问需求、阐释产品、化解异议等，都是面对客户的相关负责人进行的；但复杂产品的销售都是团队对团队的销售，销售代表要汇聚自己公司各路人马的力量，同时也要搞定客户单位中的各色人等，我们先谈如何在客户内部培养我们的"自己人"。

客户要决定一套复杂产品的采购，会有一系列的部门对此发生影响：使用部门、采购部门、技术部门、管理部门以及决策层级。这些部门和层级中的人对于这单采购各有不同的观点看法、情感投入和利益维系，他们对于采购哪家产品、采购多少、何时采购，观点不一，而且会时时变化；虽然最终决定会由决策层级做出，但决策者也必须考虑这些意见，而且决策层级的几位领导也会各有各的看法。面对此情此景，销售代表好像进了一个不大不小的迷宫，仅靠一己之力，根本找不到门路。所以，销售代表从对这家客户展开推销的一开始，就要睁大眼睛，想办法在客户单位里面找到、培养一个"自己人"。

所谓"自己人"，就是在看法、情感和利益上都倾向我们公司，愿意为我们公司的推销出力。当然起因各有不同，有的是因为欣赏喜欢我们的产品，有的是因为和销售代表或者我们公司的某个人是老同学、老战友，私人关系甚好，有的是因为和销售代表接触下来气味相投，成了朋友。客户公司里面那么多人，找到一两个和我们公司有缘的人，并非难事。这样的人，可能出现在上述任何一个部门，甚至出现在决策层级里。当销售代表发现了这样的有缘之人后，就要下力气去培养，多花些心思培养感情。在培养过程中，要给对方以信心，要让对方感到我们的产品和销售能力都很强。如果销售代表显得底气不足、自信不够，在推销过程中没有表现出自己的实力，那就很难在客户单位中找到自己的缘分了。

如果这单业务比较简单，培养一个"自己人"也就够了；但如果这单生意比较大，那就要多培养几个，最好是客户公司里面从低层到高层都有我们的"自己人"，然后，让不同层次的"自己人"发挥不同的作用。

首先是客户基层的"自己人"，比如某位工程师，或者采购部门的一位科长，他们的作用一是给销售代表提供上层指引和进行推荐，二是为销售代表进入客户单位提供一个根据地。

比如销售代表现在和客户设备部的一位技术员及一位主管有了很好的个人关系，虽然他们俩暂时帮不上什么大忙，可是那位主管向上可以去找设备维护方面的副总、技术方面的总工，和采购方面的负责人也共事多年；因此通过这位主管，销售代表就可以找到上面的领导。销售代表为了这单大生意，要经常进入客户公司大门或客户大楼，去找各种人，但客户公司的大门是不能随便进出的。所以里面一定要有"自己人"。如果你想找客户采购部经理，那么那位技术员和主管每次都会以沟通设备使用情况的理由引销售代表进入。现在，那位技术员和主管的办公室就成了销售代表小小的根据地。

再说客户中层里的"自己人",比如负责采购部的经理、信息处的处长,他们的最大作用是提供信息。刚接触客户时,就像进了迷宫一样;但现在客户内部的一位中层成了"自己人",那眼前就豁然开朗。

如果"自己人"只在基层,很多情况不了解,但中层就好很多,公司里的会几乎他都要参加,也有很多时候和高层在一起,因此虽然没什么决策权,但知道的可不少。他会提供给我们宝贵的信息:老总的想法到了什么程度;竞争对手做了哪些工作,目前看上去我们公司的优势和劣势各在哪里;我们下一步的销售重点应放在什么地方,需要找客户里面哪位"大佬"谈,等等。如果我们准备采取什么重大举措,事先要和这位"自己人"沟通,征求他的意见。如果把销售代表的推销比作登山,那这位"自己人"就是当地的向导,有了向导就快多了。但要注意和这位"向导"的相处方式,在公开场合,比如客户单位的办公室里,就要做得关系普通的样子,避免不必要的麻烦。

最后是客户高层里的"自己人"。如果我们能把客户一位高层变为"自己人",当然就给成功加上了一个大大的筹码;这位高层"自己人"不仅要给我们当高级向导,还要在公司决策时帮我们说话。但是,这位高层一定要保持自己客观公正、公事公办的形象;他可以表示对我们公司产品的支持,但一定是有充分理由的,是在自己的责任和权限范围内恰当的表态。如果他对我们的倾向性表现得明显,那客户的老总以及其他高层就会察觉,一旦察觉,他的作用就会大大下降。对于这样的"自己人",要保护性使用,有节制地使用,好钢要用在刀刃上;不要求他"我们没有办法把这份材料提交给老总,你能不能帮我们递交一下?"或者"这个后勤部经理真是很难搞,我们请了几次都请不出来,你能不能帮我们约约?"这种不是很要紧的事,找别人帮忙就行了,不要请这位高层出马。到客户单位找这位高层要讲究策略，先去拜访一下其他人，再去找他；否则径直走向这位高层的办公室，会招来嫌疑。

讲一个案例。

一家公司专门生产污泥脱水设备，和一家大型化工企业联系，希望他们购买公司的设备。有四五家供应商在竞争这个单子，这时通过当地的朋友介绍，认识了一个有来头的人。此人以前是这家大型企业的高管，几年前离开公司自己创业，但一直和原公司的老总保持着很好的私人关系。这家脱水设备公司的销售代表及销售经理和此人交往过几次，便成了"自己人"。经他推荐，这家脱水设备公司迅速进入客户公司调研，然后此人就安排了产品及实施方案演示会。会上客户老总和几位副总都来了，这位"自己人"跟着忙前忙后。

那天的演示会效果不错，污泥脱水设备质量很高，得到了客户公司的认可，而且对客户的情况和需求把握得也到位，但结果并不是很理想。产品方案演示时，客户的高层、中层都是一副严肃的模样；演示一结束，大家放松下来，眼中都带着莫名的笑意，还有一位副总走过来，拍拍此人的肩膀："这事是你张罗的啊？"旁边的几位高层中层都哈哈地笑出来。最后呢，单子还是赢了，但价格做得很低。这位"自己人"的抛头露面给这次销售带来了很大的负面效应，因为谁都知道是此人牵的线，也都知道他和老总的关系，这就只能用低价格自证清白了。

三个层次的"自己人"各起着不同的作用，选好"自己人"，对销售成功至关重要，但在发展自己人方面，要小心三种人：一是水分很大的人。他们拍胸脯对销售代表说，自己对公司里面的情况无事不知、无事不晓，自己在公司说话很有分量，除了老总，谁都要给几分面子；目的无外乎多获取利益。二是个性张扬的人。尽量不要发展这样的人，那样很可能会成事不足、败事有余。三是左右逢源、脚踩三只船的人，这种人想把眼前利益最大化，同时是几家供应商的"自己人"；销售代表和他的关系，浅尝辄止即可，绝不可深交。

6 顺藤摸瓜

★这里的"藤"，指的是客户组织中的权力线路脉络；"瓜"则是客户单位中不同职位的人。

一个客户单位的采购，往往涉及客户单位中的一系列人员，会有一系列人对这项采购发生影响。如果单子不大、产品不复杂，那么涉及的面就比较小。建筑公司要采购阀门，可能只需要一位采购人员直接操办，设备部经理拍板即可；但如果是化工企业采购污泥脱水设备，设备部、技术部、生产部等都要参与，最后需要主管技术的副总拍板；如果是一家客户要上全公司的信息化管理项目，那就是全公司的大事，从公司的组织结构来讲，上层的董事长、总经理，以及生产副总、营销副总、技术副总、财务副总，都有一定的决策权，在拍板会议上都要发表自己的意见；中层则有各部门经理、处长、科长等，他们是具体操办的人；基层则有工程师、技术员、一线工人等，他们的话公司领导也是要听的。

当销售代表开始对客户展开销售时，就要摸清客户单位的组织结构，了解客户围绕这单采购的是哪几个部门，哪几个人，也就是"藤蔓结构"；然后，我们从哪条线、哪个人那里摸进去，以什么理由摸入，重点人物是谁；会有哪个部门、哪个人可能成为我们的障碍，如何克服。而随着销售的推进，我们更要看到应沿着哪条线路往客户高层走。

一些做大单的销售代表，到客户那里转了几次，揣回来不少名片。然后在自家书桌上把这些名片摊开，对照上面的组织结构图，一个个熟悉一番。

随着以后推销的深入，在这些名片上可以做标记，比如他和我们的关系是仅仅认识，还是比较熟，他对我们的态度是支持、中立还是反对。如果我们是团队作战，那几个搭档就要把收集的名片汇集起来，专门在办公室里弄一个白板，把结构图和这些名片全部贴起来，这一下几个搭档对客户人员组织关系的"脉络""线路"就都清楚了。

一家汽车配件生产企业想购买管理软件实施信息化管理，某软件公司的销售代表闻风而来，初步接触一番，了解了这次采购的"组织线路"。本次采购的发起人是公司总经理，近来由于整车厂不断施压，要求实施信息化管理，现在总经理把这件事派给了主管技术和生产的副总，这位副总再往下派给了生产部主任。问题是竞争对手已经棋先一着，抓住了生产部主任；销售代表找了生产部主任两次，都被客客气气地送了出来，毫无进展。销售经理鼓励销售代表不要放弃，虽然对生产部主任没辙了，但对那位副总还是要再想想办法。然后发现，企业里的信息化管理直接和两个部门相关，一个是生产部、一个是信息部，虽然这个项目没有直接派到信息部但它还是有发言权的，很多事情还是要它去做的；而竞争对手觉得已经搞定了生产部，就没有再多做工作，留下了信息部这个缺口。

销售经理于是带着销售代表去找信息部，信息部彭主任本来因为在这个项目上受到冷落而心中不快，现在有供应商主动来找，心中不由得暗喜。销售经理见机行事。聊了几句了解到信息部要给一个月后的股东大会做财务的电子汇总报表，而彭主任正为这件工作量大、财务知识要求高的任务头痛呢，于是销售经理立刻主动承担起这个任务，说："这对我们公司专门做财务软件的专家来说，就是小事一桩。"三下两下，彭主任就被搞定了，销售经理就在客户的组织线路中有了起点；第二天，彭主任就带着销售经理去见了那位副总。从竞争的角度看，销售经理现在已经和竞争对手拉成了均势。

★我们摸清了客户的组织结构图、关于本次采购的决策线路脉络图，然后顺藤摸瓜，沿着线路脉络图往前走，这些都是表面上的东西；还有一些则暗流涌动，是需要细心观察和亲身体会才能把握的。

其一，在销售进程中及时调整把握重点目标。比如在和客户一位部门经理打交道的过程中，销售代表发现对方每次都会叫上某个下属，而且还经常询问这位下属的意见。销售代表马上"势利"地调整了对他的态度，后来他还真起到了很大作用。还有，一个采购项目要进行招标时，就要有一个评审委员会，其中既有客户单位的高层，还要从单位外部请一些人，比如项目监理公司总工、行业主管机构主管、高校专家等；我们要取得主动权，就要一个个做评审委员们的工作，而这一切的前提，是获得评审委员会的名单。所以在初期，具体操办招标事宜的办公室主任就是我们争取的目标，因为他负责联系评审委员，他手里有各评审委员的名单！这时，他是本次采购组织线路图中的关键节点，争取他是当务之急。再有，大单子的采购往往是要由客户高层集体决定，那么如果客户高层有四个人，他们的权力分配比例是怎样的？各自有多大的分量？这些都是要在销售过程去观察体会，然后分配合适的力量去进攻。

其二，处理好客户的前后任关系。有时候销售代表和客户一位采购负责人打了一段时间的交道后，相处得不错，基本上快要成功了，就在这时，这位负责人离开了，或者是辞职了，或者是调到其他部门了，或者是调到其他地区的分公司了，总之，不再负责这单采购了。销售代表现在走进客户的办公室，看到那张熟悉的办公桌后面坐着的是个陌生人。此时销售代表绝不能大意，不能贸然地对面前的现任说："我们前面已经和原来的经理沟通得很好了，他已经认同了我们的产品。"这种做法很可能要出问题。对着现任说前任，怎么可能效果好？更何况这位现任新官上任正要显示自己的能力和权力呢。所以聪明的销售代表此时要调整心情，调整表情，在现任面前淡化和前任的关系，从头再来。

其三，处理好站队问题。有人的地方就有江湖，有江湖的地方就有派别。当然，这些中层、高层都是"老江湖"，内心想法别人难以揣测。可是销售代表必须透过各种迹象去把握他们背后的东西，公司复杂的人事关系是所有从事复杂推销的销售代表必须过的关口。一位销售代表必须依靠客户中一位实权人物，没有实权人物倾向自己，稍大一些的单子是不会成功的。这种联系一定要低调，尽量不为人知，也不要想着脚踩两条船，这样做会让这位实权人物很不高兴，效果会大打折扣。但如果只依靠一个人，确实有风险，这位高层毕竟只是一派的力量，在几派的博弈中，输掉也很正常；所以，为了增加成功的概率，我们需要派出几个人，分别单线联系客户的几位高层。

分享一个崔曼莉在《浮沉》一书中写的案例。

世界第一大IT公司"赛思"（崔曼莉本人一直否认该书的背景板是微软中国）现在要向某大型国企销售一个两三千万的大单，竞争当然很激烈，几大IT巨头都到齐了。该大客户里面有两派队伍，一派以主管业务的副总为"队长"，副总背景很硬，把当地政府联系紧密，他很活跃，公司很多事情都由他操办定夺；另一派以总经理为"队长"，他当兵出身，在公司里资历较深，目前似乎比较沉寂，公司业务直接管得不多，周末也都是待在家，没什么社会活动。围绕这个单子两个队伍都在角力。

现在，赛思要怎么站队？他们的做法是派出销售经理去找副总。现在副总是风云人物，几家竞争对手都盯上了他，赛思也不能落后。但赛思并不寄希望在"副总争夺战"中一举胜出，副总对自己的实力很自信，他和几大供应商都谈着，希望他们之间较量而自己尽量获得最大利益。赛思销售经理去攻副总，目的只是和几大竞争对手战个平手。同时，派出一位新手去攻总经理。销售代表是新手,不为人注意;即使对手们知道了,也不会在意。如果对手发现新手真的起效果了,也另外派人过来攻老总,但赛思一位营销副总从一开始就在新手后面出主意、做支持,对手派个一般人过来是打不过的。这样,赛思就在"副总战线"上和对手们先僵持住打个平手,在"老总战线"上则取得优势,然后再边打边看。在客户内部的博弈中,如果老总占了上风,那赛思优势尽显;如果双方相持不下,那赛思则会因为两方都不反对自己而胜出;如果副总占了上风,那就果断加大进攻副总的力度,而新手销售代表这边的努力也不会有什么损失。

7　摆平各路神仙

★摸清了客户的组织脉络开始和客户相关人员洽谈时,销售代表容易犯两个错误。

第一个错误:和一两位客户负责人谈得不错就觉得大功告成了。某公司要买某种设备,某位销售代表通过关系找到了该公司一位副总,副总听了产品阐释觉得不错,让销售代表再做个产品实施方案交来,拿到方案副总又找几个工程师看了,还是不错,当然因为有朋友从中牵线,私人关系也谈得不错,事已至此,副总用自己的大手拍拍销售代表的肩膀:"没问题了,公司很满意,半个月后可以签合同了。"结果却出乎意料,半个月后销售代表满怀希望拨通了副总的手机,听到的却是花落别家的消息。后来销售代表才知道,这位自信的副总并非一言九鼎的拍板者。竞争者通过他的"自己人"设法拿到了销售代表交上的实施方案,然后有针对性地提出了更好的方案,技术部十分满意;竞争者和客户财务经理协商,设计了一个令客户很是满意的付款方式;竞争者了解到这次采购要在总经理办公会议上讨论决定,然后做通了与会七人中的五位的工作,包括这位副总。这次失败也算是"败得其所",让这位销售代表得到了一个宝贵的经验教训:大单的复杂销售涉及面广,各路"神仙"都要拜到才是。

第二个错误:眼皮子向上,直奔老总。很多销售代表认为,只要搞定了老总,"革命"就成功了;所以把精力集中在如何见到老总,搞定老总上。可即使从最乐观的角度看,很快就见到了老总、也打动了老总,也还是没有成功。如果没有得到下属们的支持,老总贸然拍板会有几种风险:没征求下属意见就拍板采购,下属们口服心不服,对实施不利;老板日理万机、统揽全局,对某种产品不可能了解得很详细,了解不详细的决策就会有技术风险,对生产不利;自己拍板的产品出了问题,下属们即使嘴上不说心里也会把责任归于老总,对自己不利;很多时候大单采购也是老总掌控手下的一个契机,让几派下属围绕此次采购展开纷争,最后自己一锤定音权威尽显,而贸然拍板,对团结不利。所以,不到各路"神仙"发表完意见,老总是不会定夺的。因此,搞定老总当然重要,但要等时机成熟。

因此,除非单子较小、采购脉络简单,否则,带着较重任务的销售代表进到客户内部,就不能心急,不能有吃快餐、打快枪的思想,踏踏实实地去拜会各路"神仙"。即使某位中层掩饰敷衍说"这事要由老板决定",销售代表也仍要紧盯不舍:"您的看法是怎样的呢?"一个人职位再低,也会有自己的看法,而询问他们的想法,既是了解信息更是表达尊重、获取支持。不要自恃自己公司名气大、产品先进就忽略客户中的一些"小人物",销售中没有小人物,哪个小人物被忽略了,他(她)就很可能成为竞争对手的最佳切入点。

★客户公司的各种人员中,对销售代表最重要的一是使用者,二是技术评价者。

要向一家报社推销我们的笔记本电脑，让记者们支持我们就很重要，和记者们谈谈，把我们的产品给他们看一看、试一试，到报社开会做决定时，记者们的意见会占很大分量。生产设备更是如此，所以一定要争取工段长、车间主任的支持。面对使用者，销售代表要像烙煎饼一样，正面反面都要说到。所谓正面，用了我们的新设备、新工具以后，生产效率更高，工作更轻松，大家在公司里的地位更重要。所谓反面，对于使用一套新工具、新设备，使用者及使用单位其实内心都有一些担心（人对不熟悉的或新事物都有某种恐惧）：容不容易上手？能不能顺利地使用，操作起来顺不顺手，会不会用起来比较累？用了这套新东西，会不会影响收入，影响自己的权力范围？会不会增加额外的工作量，售后服务是怎么保障的，出了问题怎么办？销售代表要有意识地消除这些顾虑。总之，见什么人说什么话，跟使用者就说他们关注的方面，至于价格、技术的先进性等等，使用者们并不关心，销售代表也不必节外生枝。

说一个推销财务软件的小案例。

A软件销售代表上门找到客户的财务经理时，对方已经倾向买B软件了，销售代表不放弃，软缠硬磨，对方无奈让销售代表去找财务部唯一搞软件的小伙子。两人一聊下来，发现小伙子正着迷一种编程语言。销售代表也是软件科班出身，三下两下一番指点，成了小伙子老师了，两天后还给小伙子带了两本这种编程语言的书来。然后，开始给他演示自己的A软件，他把几个财务部的同事都叫过来一块儿试，发现比前面试过的B软件好用，大家就都想买A。但是，A要贵一些，怎么说服财务经理呢？几位同事一起想办法，终于有人出了个好主意：现在A和B都是相同的五个模块，功能相似，A就显得价格高；那么就把A软件做点变化，去掉一个很少用到的模块，再增加另一个模块，这样在功能上就和B不太一样了，价格上也就不能直接比较了。这样一番动作后，财务部几个人帮着销售代表一起和经理说，经理一看使用者们都这么喜欢A，价格上也说得过去，也就顺应了"民意"。

使用者重要，技术评价者也重要。

客户单位采购，和普通消费者采购是不一样的，客户单位或公司里面有技术人员、技术专家，他们会从技术的角度来评价销售代表推销的产品：这套印刷设备的性能如何，它的加工速率加工精度如何，这种材料的耐用性如何，等等；客户的决策者当然十分看重他们的意见。和他们交流，更要靠我们的技术专家，就技术谈技术。

和客户技术专家打交道时，一方面要"公事公办"，在性能上说服对方，另一方面，也要关注对方的个人发展。在专业技术水平上不断提高，是技术人员的一大追求，对这一点，销售代表一定要加以把握。比如，提供参加培训或研讨班的机会，印刷设备供应商的销售代表可以向印刷厂客户的工程师提出，请他去北京或者深圳参加一个供应商举办的高规格的培训，由专门从德国请来的专家主讲，这是一个难以抗拒的诱惑。又比如，提供在重要学术刊物上发表论文的机会，如果可能，在国外刊物上发表最好，如果这位工程师英文不好，那由我们公司提供帮助。又比如，讲清楚使用我们的新设备、新系统对于他们个人专业发展的重大帮助。东莞一位印刷厂总工对于销售代表推荐的新型印刷设备并不热衷，投资大，自己也不熟悉，这时销售代表晓之大义："这种设备使用的CTP技术是新型的数字化成像技术，和传统的从胶片菲林到拼版到晒版成版的印刷技术相比，这种技术工艺更加简洁，品质也更加精美。这种技术20世纪90年代后期在欧美发展成熟，现在欧美各大印刷公司基本上都采用这种设备，而在中国目前还处在起步阶段，但一定是大势所趋。从贵公司的财力和规模来说，完全可以率先运用这种设备，从而在华南印刷行业中独占鳌头。熟悉掌握这种技术确实需要一个过程，但您率领您的团队掌握了这种技术后，不仅是贵公司，而且您本人的事业发展，都会上一个全新的台阶。到那时，您的年薪起码要提高 50%。"

从事技术工作的人有个特点：自尊心强，有时认死理。销售者需要注意这点。当我们的工程师和客户的工程师交流时，双方难免会有观点分歧，一旦争论起来，我们的工程师要懂得适可而止。有关产品优劣的原则性的问题，当然要说清楚；而如果话题扯远了，开始争论哪种技术、哪种编程语言更先进、更有前途，我们的工程师就要收着点，尽量让对方占个上风。有的时候，销售代表通过关系直接和客户高层谈，当回头和客户工程师谈的时候，言语中对这些技术评价者不是很尊重，这也为我们的销售设置了障碍。技术评价者认同这个产品，这事还不一定成；但他们如果不认同，这事很可能不成。没有哪个客户领导敢拿技术开玩笑，所以技术评价者也被称作技术把关者。

说一个失败教训的例子。

佛山的某银行要在全市分行对柜台人员做一次培训，当地一家名气很大的培训机构闻风而动，和它的两家分行接触，都谈得不错，银行高层对这家培训机构的能力也比较认可，这家机构感觉差不多能赢了，但最后卡在了银行培训部经理那里。后来得知，这位培训部经理又拉进来一家培训机构，最后以后面这家机构性价比更高为由把单子给了它。两年后，那位输掉的销售代表见到银行培训部经理，说起了当时的情境。

经理：你们是不是认为当时我们领导认可你们，分行也支持你们，这个单子就已经搞定了？

销售代表：是的，可是我们一直没明白您怎么就是反对我们。

经理：因为从一开始，你们就围着分行和领导转，从来没把我放在眼里。

销售代表觉得有点冤枉：哪有啊，每次去行里，不都去您办公室拜访吗？

经理：你们是拜访，可我当时给你们提了几点要求，你们根本没当回事！

整个过程中,你们从来没有主动打电话问过我的想法。我在培训部十几年了,对于一线员工的培训有很多思考,可你们就没想过要听。后来我还主动给你们的培训顾问发邮件,希望对培训内容的重点做一些调整,然后我一看回复就是一个敷衍。你们这种态度,我怎么可能支持你们?

时隔两年,那位销售代表终于知道自己当时为什么输了。

★ 上面我们说了使用者和技术评价者,下面说说如何应对反对者。

销售代表在客户公司里一圈谈下来,难免会碰上不认同乃至反对我们产品的人,这时销售代表不要用"好人坏人"的简单思维去想,而要从以下两方面去考虑。

一方面,他们中的一些人并不是靠向竞争对手的。其一,可能是就事论事的人,他就是对我们这个产品评价不高,认为其中有两三个指标不能满足生产需要,很多技术人员是这种个性;这种人人品不错,正直,在客户单位里有威望,说话有公信力;销售代表和销售工程师要真心诚意地和他沟通,他的意见对客户的影响很大。其二,可能是抗拒变化的人,这种新设备、新材料、新技术的使用对他们而言,是一种挑战、一种威胁,他们害怕因为无法掌握它而被淘汰,或者害怕这种变化会危及既有的收益地位;销售代表要设法弱化他们的抗拒心理,强调这种变化给他们带来的好处。其三,也可能是哗众取宠的人,在讨论时发表一些与众不同的意见,使得大家对他刮目相看;对这种人不必过于纠缠,这种人的意见一般对产品选择没有直接关系,淡化处理就好。其四,还可能是要好处的人,显示自己的地位,希望能从销售代表这里拿到一些个人好处;对此,销售代表要适当考虑。总之,对以上几种反对者,销售代表要友好相待,不要因为他们不赞同我们就和他们激烈争辩并满怀戒备,那样会把他们真的推到竞争对手那边。很多销售代表跑到客户那里,下意识地就会去找支持自己、喜欢自己的人,轻松一点也愉快一点；可是要知道，他们已经支持我们了，销售代表更应该多找找那些反对自己的人，那样对销售的推进作用更大。

另一方面，他们中确实有一些人是靠向竞争对手乃至已经被对手搞定了，争取他们的可能性已经不大；对他们，销售代表还是要给面子保持友好的关系。

最后要注意，客户单位里有点话语权的人固然要兼顾到，对门卫、司机这些"小人物"同样要以礼相待。销售代表要学会和各种人打交道。

8　拿下决定者

★现在销售代表已经和客户有了一定接触，有了"自己人"，和使用者、评价者谈得也不错，还把几个反对者争取过来；但最重要的，是要拿下这单采购的决定者。拿象棋打比方，客户中的其他人，是车马炮卒，而决定者是帅；销售代表就是把客户的车马炮卒都摆平了，帅没拿下，还是个输，这种情况并不少见。有时候销售代表已经把具体操办的人完全搞定了，可为什么还不签合同呢？操办的人说再等等，老板还要考虑考虑；这时销售代表不能只想着靠操办的人去说服老板，自己要设法面见老板。

这里的决定者也不一定就是客户老总，单子性质和金额不同，决定者也不同；即使是个很大的单子，需要客户最高权力者拍板，可是这个最高权力者也不一定就是总经理或局长院长，也有可能是董事长，可能是党委书记，甚至掌握实权的一位副总。要说服决定者，首先要搞清谁是决定者。

首先当然是看这单采购的使用部门，财务软件是客户财务部门使用，那么决定者就可能是财务经理，两百台电脑是这所大学电脑中心使用，决定者就可能是电脑中心主任。再进一步，如果这单采购涉及几个部门或者金额较大，那就需要更高领导做决定。客户单位或客户公司都有资金的使用权限和审批流程，规定了不同层级的领导的审批额度，金额越大决定者层级越高。另一个影响因素是客户当前的经营状况，如果客户当前的效益很好，那么花钱就会大方些，十万元的采购中层都可以批；但如果效益不好，就会小心花钱，一万元的采购都会老板亲自批。再有，如果这种产品是常规性的，客户一直都有采购使用，那么中层就可以决定；若是第一次采购，即使金额不大，也需高层审批，即使按照规章流程相关中层可以审批，中层因为怕承担责任也会主动向上请示。还有，老板的管理风格也是影响因素，看史玉柱写的书《我的营销心得》知道，他虽然是大老板，但充分放权，开发一个产品（比如黄金搭档）他会给开发团队很大的自主权，自己则不过多干预，面对这样的客户公司，找具体的负责人就行了；而对于那些老板不愿放权的客户，不论单子多大销售代表最好都主动找机会见老板。

如果客户是国企，那么要看看几位高层中间谁是行政领导，谁是搞生产技术出道的。如果这件大单采购技术性较强，那么很可能搞生产技术出道的高层是决定者，行政领导会躲开这个烫手山芋。

以上说的是一般道理，销售代表可以依据这些道理多思考；销售代表还要在客户公司里面多听、多看，从各种迹象去判断决定者是谁。崔建中在《纵横》里讲过这样一个案例。几位销售代表到一家大型矿业集团，谈一个很大的单子。和客户的办公室主任约好下午五点见面。几位销售代表早到了二十分钟，先不进办公室，在一楼大厅看宣传栏，很仔细地看集团领导人活动的照片，终于一位销售代表看出了点门道，对同伴小声说："哎，我怎么觉得这些照片中大部分时候总裁站在最前面，董事长却好像一直在后面。你看这幅合资公司成立的照片，是总裁而不是董事长在和老外签约，董事长只是站在后排嘉宾的位置上。"同伴按照提示去看，果然如此。这一发现十分重要，后来又经过了解很快锁定了总裁为决定人，少走了很多弯路。还有，如果销售代表的客户公司是一个家族企业，老板一家子到底谁说了算？那就更要察言观色，看表情，听口气，判断谁是主事者。

上面说了几个寻找判断客户决定者的门道，但说到底，采购决定者是谁并不是什么商业秘密，所以最大的门道往往就是没有门道：直接问。比如："王经理，这件事您就能决定了吧？还需要领导来定？哪位领导？""汪主任，像这样金额的采购，是哪位老总最后审批呢？""万处长，咱们局里这方面的采购，是哪位局长主管呢？"很多时候，使用这种坦诚而直接的方式，一下就知道了。

知道了决定者是谁，就要见到他、说服他。如果客户公司不大、管理也不是很规范，直接就可以去找他；但如果客户是一个层级严整的单位，销售代表首先打交道的，都是客户的中层，那就要通过这位中层去见决定者。

如果中层基本上已被销售代表说服了，而且有了抓紧成交的动力，那么他会愿意主动去和决定者说，然后带着销售代表去见高层领导。但更多时候，中层不会主动，采购产品实施方案是决定者的职责，不是中层操心的事，更何况不能催促高层领导做决定。这时，销售代表就要说服中层去找决定者，这里最常用的做法是催中层去向决定者汇报工作。中层作为具体的操办人，已经为这单采购忙了一段时间了，有了一些进展，也有了一些问题，这时销售代表就可以跟他说："您应该及时向领导汇报一下了。一来是向领导展示一下自己，说自己这段时间为这单采购做了很多工作，您不说，日理万机的领导是不清楚的；二来避免自己将来承担不必要的责任，这单采购涉及好几个部门，要是有什么不满意的地方会先找您这个操办人，您把情况跟领导汇报了，那以后其他部门再有什么不满意的，也只能跟领导去说了。"这两条都是为这位中层着想，本来不着急汇报的他现在感到迫切了。然后销售代表还要再铺垫一下："领导其实对这单采购的具体情况不是很清楚，那么向领导汇报时，就要说明这单采购会取得哪几个效果、需要如何实施、可能会碰到什么困难。但有些话您作为下属是不方便说的，最好由别人替您说。"话说到这里，操办人也就明白了，他会很快带着销售代表去找领导汇报，让销售代表替他说一些话。

还有一个办法，如果中层不积极带销售代表找高层，就在和中层的交流中对客户需求和实施提出一些疑问，疑问不仅仅一个，而且越大越好，因为问题大了，负责具体执行的人知道他负不起这个责任，他更愿帮你向上层找人来回答，这正是你希望的。总之，你觉得他们不懂什么，就毕恭毕敬地问他们什么；他们不懂了，自然会替你找懂的人，这些懂的人通常也是有权利的人。

如果上面的方法不行，那销售代表就要请出自己的高管出马去拜会客户。销售人员提前做好铺垫，让客户觉得你对他们足够重视。高管见高层，也就把销售推向了更高阶段。

★现在我们终于见到了决定者，那么怎么"拿下"他或者她？

前面说到的产品阐释等内容，现在简单提提就行了，现在要说客户的高层乃至老总真正感兴趣的东西。

第一，侧重谈效益、效果。高层所处的层次不一样，高层站得高、看得远，从自己公司的整体利益考虑问题，而公司最重要的是效益，所以只要可能，销售代表就要说明，客户投资能有多大的收益。高层不会多么在意多投资5%还是10%，他们最在意的是值得不值得，所以此时销售代表要强调效果。

第二，侧重谈管理上的作用。高层关注的另一方面是管理，他们希望采用这套新设备后，运行管理更便利；从我们这里购买原材料，采购管理更简单。如果销售的是信息化管理系统，不要从执行层面的财务管理、库存管理的角度去说，而要站在老总的角度，去谈这个系统对于老总管理全局有什么帮助。一来，公司规模大了，信息传递就会失真，老总就看不到原始本真的情况，即使看到了，时间也耽误了，现在用了这个系统，就能及时看到真实发生的情况。二来，立了标准和规矩。运用了信息化管理系统，企业里的人财物现在都要按照标准的程序走，有了规矩就有了方圆，老总把握全局的能力会大大提高。三来，这样的系统能够做到集中管理，使得总部的控制力上升。我们还要看到，老总有老总的难处，采购使用新设备、新材料、新系统，会有很大阻力和难度；即使身为老总，也会有畏难情绪。这时，销售代表就要鼓励对方，让他明白使用这样的新设备、新材料、新系统是大势所趋，是竞争的需要，必须当断则断。总之，和客户高层谈，自己的思维就要接近高层的思维，否则难以发展深入的关系；如果这对于销售代表有困难，就请自己的高层去和客户高层谈，他们的知识层面和思考方式比较接近，容易谈得起来。

第三，侧重谈高层最关注的东西。很多高层有好大喜功的一面，喜欢出风头，那么销售代表就要设法满足他，比如这单几百万的大合同，我们搞个签约仪式，到时请政府的相关领导到场祝贺，请电视台报纸的记者前来采访报道，让客户充分露上一回脸。更多的高层操心的是公司的发展大计，比如上市，那么销售代表就要想办法，把采购我们的产品设备和客户公司的上市挂起钩来；虽然上市和采购我们的产品并无必然联系，但只要销售代表能言之成理、自圆其说，对方就能听进去，因为这是他此时最关注的东西。如果决定者年事已高，快退休了，他的心态往往是多一事不如少一事，这时，销售代表要强调采购运用我们产品的方便性，让他觉得这是个简单的事；如果决定者刚上任，正想着建功立业，那就要强调我们的产品能带来多大的提升，能如何带来全新的面貌。

第四，侧重处理好高层之间的关系。对于一个较大的单子，客户中负责拍板的高层既是在做事也是在做人。在选择哪一家供应商时,他要考虑其他高层的看法;选定采购之后,实施效果如何也会影响他和其他高层的关系;销售代表对此不可不察。自己的产品再好,如果这些关系没处理好也是不会成功的。

分享一个王云在《从谷底到山巅》一书中写的案例。

北京某公司刚刚从华尔街融到一笔9000万元的投资,一时心比天高要大干一番目标上市,一口气在全国开了几十家分支机构,招了几百名导购员。公司二号人物刘总负责业务员的培训管理,在A咨询公司和B销售软件公司之间选择了A,他花了50万元请来A设计销售方案培训业务员;但实施了两个月,业务员的工作没什么起色。刘总作为这方面的决策者,实施效果不好脸上也不好看,但要承认错误重新再来更是丢不起那人。刘总手下的销售总监本来就倾向于B,现在又找到B的销售代表,希望B销售代表杀个回马枪让刘总回心转意。B销售代表看看当前形势,以前B公司就已阐释过自己的思路设想,现在又经过这一番折腾,刘总应该是认可了B的价值,但问题是面子。

B销售代表觉得自己此时主动上门去劝刘总并不合适,刘总会想:"怎么,来看我笑话了?"那么谁去合适呢?只能是A公司销售代表。B销售代表找到A销售代表,晓以利害:现在客户实施效果不好,而A公司已对此无能为力,这样下去,刘总在自己公司里比较被动,以后很难再支持A,剩下的20%的尾款会拖着不付,而且实施效果不好的事在业内传开也会伤害A的名声。反过来,如果刘总和B公司合作,在业务员管理上引入规范化的软件管理,效果出来了,刘总在公司里的日子会好过很多。对外只说A和B是互补关系,B只是在执行环节、在业务员管理上进行了强化,这样就照顾了刘总面子、也照顾了A的面子。A销售代表仔细想来确有道理,于是去见刘总,劝说他使用B的销售管理软件。

刘总听了劝说，也认为现在只有请回B才能摆脱困境。但和B销售代表一谈价格，却难以接受，虽然说是重点在执行环节，但价格和最初报的差不多，也就比A低一点，刘总对B销售代表说："花两笔钱做一件事，这个我没法接受。"B销售代表明白，刘总是不好意思向董事长再开口，便晓以大义：虽然多花了钱，但和由此增长的销售收入相比、和以后的上市相比，不算什么，董事长那里可以由我去说。"

于是刘总不出面，由他手下的销售总监引见B销售代表见到董事长。关于A项目效果不好的事，B销售代表说出了很多客观原因为刘总开脱，比如A方案设计思路是先进的，也很全面，效果不好是因为员工缺乏相关意识，素质也参差不齐，等等；现在B要根据A的总体设计和思路，编制执行上的规范程序，工作量很大，价格高些也正常，但两个成果加起来效果会非常好。董事长权衡利弊，同意了新的方案。

这次销售中存在着四方关系：刘总、董事长、A销售代表、B销售代表。B销售代表要销售成功，除了要产品好、方案好，更要处理好四方关系，要把握好各方利益所在，设计好针对每一方说服的话语，把局面导向自己的成功。

要说服客户，不论是高层还是中层，是使用者、技术评价者还是决定者，其实都有三个角度：公，半公半私，私。产品功能阐释，产品带来的效益效果，等等，是"公"；这单采购能让对方迅速取得业绩，能提升专业技术水平，等等，是"半公半私"；请对方来我们公司考察时做好客情，乃至给予更大利益，是"私"，这是我们下一部分要阐的内容。

9　看人下菜碟

什么菜最好吃？这个问题没有标准答案。酸甜苦辣，个人所好不同，好的厨师就要根据客户不同口味，端出不同菜式。

上面我们谈到客户中从下到上、从左到右有各种人需要我们去搞定，而每个人的个性不同，那么销售代表也要因这些不同特点，从不同的侧重点去说服不同的人。

客户大致上有三种情况。

第一种是内敛的。

一是喜欢分析的人。不仅是技术人员，其他岗位的人也可能是这种类型。他们喜欢理性思考、有理有据。对于他们，我们展示和说明产品时，就要强调逻辑性，我们使用了什么技术、什么材料、什么原理所以具有这样的性能；强调事实说明的全面性，把产品的优缺点全部摆出来，对方是理性的人，如果只摆优点他凭直觉就知道有所隐瞒，从而会十分反感；强调证据，把测试报告、检测证书全部摆出来。对着他们，销售代表要表现得平和、认真、有耐心；他们只有在理性上接受了才会真正接受产品。这时最怕销售代表对产品不够熟悉，这时需要让搭档的工程师尽早出场。对这种理性的客户，销售代表要充分展示对行业的把握、对专业知识的把握水平。

二是实干型的人。对生产和经营情况十分熟悉，关心自己公司的运行和效率，一切从实效出发。对此，销售代表就要阐释我们的产品是如何给客户带来帮助、取得效果的，从具体功能的角度去谈，把细节说清楚。

三是谨小慎微乃至敏感多疑的人。那就要多给对方信心，多谈客户单位内其他人的正面的看法，多谈自己公司的成功事例。销售代表说话的口气笃定，要胸有成竹，尽量给对方以安全感。

怎样看出客户是内敛的？看办公室，桌椅、办公用品摆放整齐有序。

看时间安排，把时间安排得井井有条而且十分守时。看外表，衣着朴素，即使是中层乃至高层仍穿着工作服装。看气质，斯斯文文，礼貌儒雅。看谈吐，从实际出发，所有问题都要问个所以然。看别人怎么说，和客户单位的人接触多了，自然会互相谈起，客户中其他人如果说这位客户做事认真甚至认死理，那也是内敛型无疑。

第二种是外向的。

一是充满激情的人。这种情况较多出现在决定者，尤其是老总身上。他们勇于追求，敢于冒险，喜欢使用先进的设备材料从而使自己的公司或部门立刻跃上新台阶。对于他们，我们就要强调我们的产品先进的功能，强调它的效用，能给客户带来什么样的鼓舞人心的变化。同时提供若干成功的事例，比如某某公司购买使用了我们的设备后，成本一举降低了32%，某某公司采用了我们的材料后，一下接了很多来自中东国家的订单。对着他们，产品设备的具体情况就不必细说，留着对客户的技术专家们说。很多客户老总都是激情之人，但绝不会只凭激情拍板；当他们觉得这单采购值得去做后，会听从技术专家的意见，去判断可信性。可是，如果销售代表不能调动起决定者的激情，那这单生意十有八九是要黄了，客户技术专家再认可也没用。

二是喜欢做主导的人。不论中层还是高层、技术专家还是管理者，都会有这种个性的人。自我感觉良好，凡事喜欢自己拿主意，喜欢那种掌控局面的感觉。销售代表要投其所好，侧重产品说明，少说判断评价性的话，让对方自己去想、去说。多推荐两种产品、多提供两种方案，让对方去选。和对方交谈中，多奉承几句，显得对方比自己高明。如果有行业论坛，设法请他去参加，安排他发言，让他在更大的舞台上表现一下，那种满足感很难用语言来形容。

怎样看出客户是外向的？看办公室，左边墙上挂着主人和各路名人的合影，右边墙上挂着名人字画，中间柜上摆满奖杯奖章。看外表，衣着讲究，名牌手表。看气质，面部表情丰富，形体动作幅度大，握手强劲有力。看谈吐，音量较高，语速较快，口如悬河，神采飞扬，喜欢用反问句，咄咄逼人。看别人怎么说，别人对他的评价是喜欢冒险，胆子大，说干就干。以上这些都是外向型的典型"症状"。

第三种是善良的。

善良的人注重人际关系的和谐融洽，和上司、和下属、和同级别部门、和供应商，各种人际关系他都看重。所以销售代表要和他们多谈谈家常，聊聊对方家庭也聊聊自己家庭，聊聊对方的生活也聊聊自己的生活；介绍产品时增加人情味的内容，比如使用了我们的设备，工人的劳动强度会下降，或者与其他部门的协作更便利。强调我们的可靠性，我们在这个行业里的历史、我们的质量保证措施，善良的人一般也都是求稳的人。即使生意一时谈不下来也没关系，保持日常交往，平时多多联系，朋友做起来了生意就好说了。对他们，我们的产品不一定要多先进，但我们做事一定要可靠诚实，善良的人最喜欢的就是这种感觉。

怎样看出客户是善良的？看办公室，桌上摆着家人的照片，房间左边摆着一圈小巧的软皮沙发以和来访者促膝谈心。看外表，衣着得体无特点，发型正常无特色，善良的人往往也是从众的人。看气质，温文尔雅，面目和善，握手时绵软温柔。看谈吐，喜欢与人交流个人感想，喜欢聊一些趣闻轶事。看别人怎么说，同事说起他，都说他是个好人，是个贴心的人。

10 击败竞争者

我们这部分谈的是"你我他"的三角关系，前面说了"我"和"你"，最后说说"他",也就是竞争对手,我们如何想办法击败对手。

★ **如果我们现在处于竞争中领先地位,怎么办?**

这时,就要设法加快进度。需要补充什么材料、需要补充什么展示,赶紧做;设法早点面见客户老总。总之是趁热打铁,抓紧现在对我们有利的局势,把生米煮成熟饭。如果客户单位内部有阻力,比如虽然主管副总已经倾向我们,但有别的高层不赞同,事情拖着。这时销售代表要主动出击,可以以自己公司的名义写一份推荐函,盖自己公司的章,给客户单位各个相关部门和相关人员都发一份。函的内容是关于自己产品及技术方案的性能和价值的说明,用数据说话。这样一来,事情就搞大了,客户单位不能再回避、拖延了,倾向我们的主管副总可以借此拍板定案。

还要高调行事,让客户单位里的人、让竞争对手们都感觉客户高层已经倾向我们了,我们的优势已经很大了,这对竞争对手有着阻吓作用,对手一看希望不大做起来就没那么卖力了,或者干脆就放弃了。有一个案例,一个深圳的通信设备供应商在和长沙一家大客户谈,搞定了一位副总。这时客户老总到欧洲考察了一个多月,供应商得知这位老总哪天坐哪班飞机回来,然后和副总商量。借故客户公司唯一一辆奔驰车临时出了毛病,然后让供应商开一辆凯迪拉克去机场接回老总。老总赴欧考察归来,是公司一件大事,上上下下都出来迎接,也都看到了老总坐的是那家供应商的车,顿时感觉那家供应商和公司关系非同一般。几个竞争对手看到此景,有的直接就知难而退了。

★ **如果我们现在处于竞争中落后地位,怎么办?**

首先要低调做事,稍微公开一点的活动都不参与,看上去是已经放弃的节奏;目的是麻痹对手,让他们以为我们已经出局,也就不再警惕我们,在产品阐释、商务谈判方面不再针对我们，从而给我们留出了生存空间。实际上我们在暗地里使劲。

然后，设法拖慢客户的采购进度，为我们自己争取时间，寻找翻盘的机会。

分享一个崔建中《纵横》中的案例。

企业管理软件厂商 A 正在向一家大型企业进攻，希望对方采购运用自己的管理软件系统，但发现自己处于竞争中的不利地位，竞争对手 B 已捷足先登，并在上个星期已和对方签订了战略合作协议。说起来 A 的实力也很强，如果能向该大客户充分展示自己，还是有获胜机会的，但现在的当务之急，是把客户的采购进程拖慢。于是，A 通过在大客户内部的"自己人"，安排了一次高层会面，从总公司派来一位主管技术的副总，和大客户老总面谈。

两位老总寒暄客套了一番，泛泛而谈了一些不痛不痒的话，A 的副总突然问道：说起管理，您是行家，我想向您请教一个问题。

客户老总一听，知道对方要说重要的话，也正襟危坐：您客气了，您才是管理专家，有什么问题尽管问吧。

A 副总说：贵公司为什么这么急着上信息化呢？公司毕竟才成立不久，设备也刚到位。

客户老总沉着地解释：现在信息化是大势所趋，信息化毕竟能给我们的管理带来比较大的提升。

A 副总目光锐利地看着对方说：恕我直言，我在这个行业里待了十几年了，从来没有见过一个企业的管理是靠信息化带动起来的。

客户老总一愣：这我就不明白了，不是人人都说信息化带动管理进步吗？

A 副总：您做了这么多年管理，一定比我还清楚。管理这种东西只能是来自我们日常的管理实践，所以管理软件也是来自实践，经过吸收、消化和提炼，再回到实践中去。先有实践，实践相当于水；后有软件，软件相当于渠。渠是规矩、是标准，可要是没有水，渠都没有了存在的必要。

这些坦率锐利的话让客户老总深受触动，他沉吟不语。

A副总紧追不舍：我不太明白的是，贵公司刚成立不久，现在连很多基本的管理模式甚至规章制度都还是空白，为什么要急着挖渠呢？

客户老总心里已经认为这番话有道理，但要推翻已经做出的举措又不甘心：这个问题我们也有考虑，我们和B签约的也只是一个战略合作，而且B承诺将来给我们七五折的优惠。

A副总一听，又抓住了一个把柄：才七五折？以贵公司这么大的采购额，不应该是这个价啊。

客户老总一听有点急：您是说这个价格高了？

A副总不正面回答：这个是我们竞争对手的报价，我们不方便评价。建议您去了解一下B公司已经做的客户，尤其是和贵公司规模相当的，或者比贵公司规模小些的，看看他们拿到的折扣。

以上A副总的话，虽然没为自己的产品说上一句话，但让客户原本有所倾向的心思变得摇摆不定，从而拖慢了客户的采购进程，成功地把水搅浑了。落后的一方就是要把水搅浑，然后再去寻找机会。

把进程拖慢后，再去努力想办法。

可以冲着现在客户倾向的产品或者方案可能存在的风险问题用力，把这种问题在客户单位里多说一说。其实客户里面除了倾向对手的那一派之外，方方面面的人都会有自己的小算盘，各有自己的利益，虽然竞争对手已经搞定了一些人，但不会把相关的重要人员一网打尽，想给自己的对手有力回击的大有人在。销售代表更可以主动去找那些在客户中有着一席之地、但被竞争对手忽略的人，把他们作为翻盘的突破口。

再说一个信息化系统的销售案例。

A供应商在面对某企业客户时现在处于竞争的下风，和客户公司的几位主管沟通，发现财务主管、信息主管等都已经靠向了竞争对手。但是，销售主管的态度不得而知，甚至人都见不到，请他来开会，他就派个科长来应付。A的销售代表感觉有戏，登门拜访，终于明白了他的想法。这位主管对信息化管理本身就有看法，有抵触，认为销售工作以及业务开拓根本不必搞什么信息化，自己干这么多年，得心应手得很。现在公司高层上信息化，不仅对自己的工作没什么帮助，而且还监控和制约了自己的业务。竞争对手一看他这种态度，说服起来麻烦，而且已经说服了其他几位主管，也不差他这一个，就不再找他了。A销售代表深知这位主管是自己翻盘的唯一机会，于是全力以赴做他的思想工作。说明形势：现在公司上信息化是势在必行，顺应这个形势是明智的选择；解除顾虑：如果用A信息系统，我们的设置充分保障了各部门现有的权限，不会削弱现有的权力。终于获得了他的认同。这位销售主管在客户公司里的地位举足轻重，以前就因为他没有明确表态所以上信息化的事一直拖着。现在他同意上信息化了，但主张用A系统，客户高层一番讨论争论之后，A后来居上，"咸鱼"翻身。

★ 如果我们现在和竞争对手势均力敌，怎么办？

这时当然要进一步在产品阐释上下功夫，强化自己的优势，指出对手的劣势；除此之外，还要讲究一些技巧。

比如，设法看到竞争对手的技术方案乃至标书。在对手公司内部找人，或者客户公司内部找人，设法看到这些文件。看到了对手这些文件以后，就可以有针对性地拟定我们给客户的方案和标书。

说一个倪建伟《销售就是要搞定人》中的案例。

阀门制造商德国佳菱公司销售代表"我"在和客户荆门铁矿谈，在一次和客户交流时碰到了竞争对手金海公司的销售代表陈军，双方交换了名片。第二天销售代表就给陈军打电话约他出来喝茶，陈军借口有事没答应，但语气很友善。销售代表约了三次，陈军终于答应了，双方在上岛咖啡屋一个包房里见面。

寒暄客套一番后，销售代表说：我初来乍到，在这边没什么朋友，所以很想结交几个知心朋友，你在这边轻车熟路，该是顺风顺水吧？

陈军说：我们这个公司老板不地道，总是克扣销售员的佣金，我们做业务的真难。

销售代表一听有门，开始循循善诱：我们外企的一大好处就是养人，老板很尊重法律，也尊重人才，有些人甚至可以在外企长期工作下去养老。你可以到我们公司来试试啊。

陈军：做完这单我就不干了，我女朋友在北京工作，我也正想换个环境。

销售代表：这样啊，如果你去北京的话，我可以向那边的朋友帮你推荐一下。这些年我认识了一些外企老板，别的不敢讲，推荐一下还是能做到的，就是一句话的事。

陈军：到时候再说吧。

做了以上的许诺后，销售代表开始索取回报了：荆门铁矿我们公司很想做下来，还希望你能帮忙啊。

陈军没说什么，喝口咖啡，然后把话岔开了。

三个星期后，陈军给销售代表打电话，约销售代表一起喝茶。他对销售代表说，自己和老板闹翻了，然后把自己公司的底细和销售代表说了，销售代表最终赢下了这个单子。后来，两个多月后，陈军进了销售代表所在公司的北京分公司。

作者倪建伟在书中还说了一段话：某些新的企业之所以能够迅速占领市场，采用的招数就是将同行中排名第一企业的销售团队的主将挖过来！

只要能挖过来，当年的业绩最少会是排名第一企业业绩的 30%，因为挖过来的不仅仅是一个人，还有那个人所拥有的客户群。这也是为什么资深销售人从来不去人才市场的原因，因为他们本身的客户群就足够吸引新老板了，对他们来说，给想去的企业当事人打个电话，工作就到手了。

第七章　做客情

前面讲过，说服客户、争取客户，要从三个层面做起：公，半公半私，私。在本部分我们专门谈"私"这个层面，即如何与客户搞好私人关系。如果销售代表在产品方面征服了客户，同时还和对方建立了良好的个人关系、成了很好的朋友，那就达到了推销的理想状态。反过来，产品不能让客户喜欢，也不能和对方建立起私交，那就完全是推销的失败。至于中间状态，或者只在产品上说服了客户，或者只和客户成了好朋友，那么或者意味着推销尚未成功，销售代表还需努力，或者即使成功了关系也是不牢固的，情况随时会变。因此，不论产品说服方面进展如何，都要下功夫和客户搞好私人关系。

做好客情不难，只要你是一个对生活有热情的人，懂得察言观色，能在不动声色之间让别人对自己产生好感，而且知晓人情世故，就能做得不错，当然也要讲究些方法，这也就是本部分要讲的内容。

1　无成本做客情的四种方法

一说到做客情，就很容易让人想起搞关系，请客送礼；其实这种理解有失偏颇。要迅速和客户拉近关系，有很多更为简单易行的技巧。所谓处处留心皆学问，在和客户相处的时候，在以下一系列小事上做好了，就能和对方成为好朋友。以下内容可以简单小结为：四要。

★ 一要赞美对方。

要规定自己每次和客户相处时，都要赞美对方一两次，夸对方某个方面很出色、很优秀，让自己很佩服。要做到这点，先要把自己的心态摆正，把心中的"自我"放下来，去关注对方。这其实是对人自然本性的一种扭转，人的本性是自我中心、自我优越的，要是看到别人比自己强，从心里到嘴里都不愿意承认。但这样的本性不利于推销的开展，所以必须加以扭转。有的业务部每天的早会有一项内容：每个人必须选出三个同事加以赞美，从发型到打字速度均可，题材不限。一开始大家还不太习惯，心态上还不太适应，但时间一长，就慢慢习惯了，结果团队关系更加融洽，而且销售代表们出去见客时都能很自然地找到别人的优点加以赞美，从而成为很受欢迎的人。

俗话说礼多人不怪，没有人会拒绝赞美，被夸的人即使一下子没有反应过来，但稍加回味也会觉得阵阵喜悦涌上心头，然后看你的眼神中就多了柔和、多了喜爱。人人都希望被认可、被尊重，没人希望被忽略、被否定。一个人被别人赞赏就意味着得到了认可，就会感觉愉快、感到自信；销售代表赞美了客户，也就是送去了温暖、送去了快乐，客户能不喜欢吗？

赞美的题材不限；而且尽量在众人面前赞美，即使旁边只有一两个人也行，对方会觉得脸上有光。

第一，可以夸工作：

你们的工作服设计得很好啊，很精神。

咱们厂区的绿化搞得真好。

和您一聊就知道，您看问题看得透，有穿透力。

贵公司这么快就通过了欧盟的质量认证，真是了不起。

您就是张部长啊，我早就听你们几位工程师说到您，说您对生产现场非常熟悉，是姚总的左膀右臂啊！

第二，可以夸个人：

您孩子读华中科技大学？您教子有方啊。

刘经理，听小赵他们说，您可是网球高手。

郑秘书，您的声音很好听，和您通电话，听着舒服。

甘会计，这是您女儿？看着您俩像姐妹，您真是显得年轻。

虽然说夸什么都行，但效果还是有差别的。

对于女人（不是女孩）最紧要的是夸对方年轻，销售代表要坚决地满足这一条。有一个故事：有一次，一小伙子骑自行车不小心把一个买菜的阿婆碰倒了，小伙子吓得赶紧下车，扶起阿婆说："姐姐，你没事吧？"阿婆本来很生气，一听小伙子这么一叫，气消了："没什么，没事，小伙子嘴还挺甜！"

对于男人最紧要的是夸对方专业强、事业强。比如对方是报社里网站的负责人，那就夸一下这个网站办得如何优秀，比其他报社的网站都优秀：《柳阳晨报》的网站显得呆板，《柳阳午报》的网站显得散乱，《柳阳晚报》的网站就像一个信息库，相比起来，咱们《柳阳周报》的网站的确办得漂亮。男人最看重的是自己的事业，如果在这方面被别人有理有据地夸一下，会非常受用。

第三，，夸人夸到什么程度？要把握分寸。赞美要真诚，要合情合理，不要拔高虚浮，不要说："您太有才华了！您水平真高！能和您这样的高人交往，是我无价的财富！"这些话就过头了，连低智商的人都能闻出阿谀的味道。赞美要就地取材，要具体，就事论事，谈当时当事给自己的感受，这就显得朴实自然。赞美的次数也不要多，点到为止，不要重复。但是，如果发现对方是个自我感觉良好的人，或者刚升职正春风得意，那么夸的时候就要狠一点："做得这么好真了不起，您是怎么做到的？""您是权威，能给我详细讲讲吗？我要取取经。""能和您这样有智慧的人交往，是我一生的财富！"

★ 二要向客户求教。

有一本书《销售心经》，是作者刘睿以自己服装销售的经历写成的。她是法律系毕业，进了一家服装公司做销售代表，主要是说服各个商场超市进自己品牌的服装。一开始她对服装知识基本是空白，找来服装书学习，但是枯燥抽象，帮助不大。她向自己公司里的师傅学，对自己品牌的服装特点算是熟悉了；但对其他服装的情况还是所知甚少，所以只好硬着头皮向商场超市的经理们请教。第一次去谈商场时，就问了商场经理一个问题：面料的含毛比例对服装的质感和价格有什么影响？结果那位经理竟然放下手头的工作，带着她出来到卖场，一件毛衣一件毛衣地比对，原来在这位经理这儿，面料的含毛比例是凭手感即可判断的。后来她发现，主动提出某个问题向客户请教时，对方的态度大都比较好，都表现出诲人不倦的精神，而且双方的关系也拉近了。一来二去，刘睿悟出了其中道理：每个人对于自己擅长的领域，都有表现欲，现在有人前来虚心求教，正好可以显示一番。明白了这一点，刘睿会有意识地找出一两个问题向客户请教，提升关系的效果很明显，和赞美对方有着异曲同工之妙。

刘睿的这一体会有普遍意义，虚心的人到哪里都受欢迎。当然要始终做到虚心低调并不容易，这也是考验销售代表情商的地方。举个例子，《圈子圈套1》中，身为业务经理的洪钧有一次和客户金总见面。

金总：刚才看你的名片，你可是状元啊。

洪钧一听，马上明白过来，却并不挑明，而是故作纳闷地问：您的意思是？

金总笑了起来，摆了下手：没什么，我开个玩笑。你不知道吗？晚清的时候有个很出名的人物，他也叫洪钧，和你名字完全一样的两个字，他就是状元，大才子啊，出使过欧洲，呵呵。

洪钧当然知道一百年前那位和自己同名同姓的状元，但现在就是要作无知状：是吗？您不说我自己都不知道，我可太惭愧了。金总，您的学识可真渊博啊！

洪钧是销售代表的模范人物，时时处处以高标准要求自己。其实，故作虚心低调是为褒扬客户，能迅速提升与客户的关系。

★三要迎合客户爱好。

客户都是活生生的人，有自己的喜好，或是饮茶、种花，或是钓鱼、爬山。销售代表要投其所好，成为客户的同好。为此，销售代表一进客户办公室就要注意观察，看看有无显示客户兴趣爱好的东西。比如，如果墙上挂着一幅字，说明他喜欢书法；如果放着一个养鱼的水箱，说明他爱鱼，很可能也喜欢鸟；要是办公桌上摆着个麒麟，很可能比较迷信。当然，还要通过其他方式了解对方的兴趣爱好。

同好的第一件事，就是同聊。

客户中一个经理，销售代表平时和他说什么，都是一副公事公办的样子，即使一起吃饭也都是东拉西扯，没多大兴致，真的是话不投机半句多。看着和他的私人关系难以推进，销售代表心里着急。终于一个偶然的机会知道对方是个爱狗之人，销售代表找到了突破口。在电脑上搜集关于狗的知识，文字图片一大堆，再与对方交流时，以此为话题，原来一直拉不近的关系一下子就拉近了。

一位销售代表和客户公司的两位中层谈得不错了，就想见老板。但说了两次中层总是拖，说是已经汇报了但老板这段时间很忙，再等等。销售代表不甘心、继续想办法，和客户公司里的人闲聊中得知老板儿子爱玩车，有一辆阿里斯顿马丁，销售代表到客户公司门前停车场一看，真的看到一辆马丁。于是，销售代表赶紧在网上补习马丁的知识，然后一连几天在那辆马丁旁边转转，终于等来一位小伙子。

小伙子看到销售代表在端详自己的车，就问："哥们，怎么样，这车不错吧？"销售代表答："真没想到，今天看到了马丁的 Rapide，马丁的这一款在中国就没几辆吧？"小伙子说："就三辆，你很懂车啊，别人一见这车，都以为是 DB9 呢。"销售代表说："我是个跑车迷，大学时就迷了，不过对这个 Rapide 我有个疑问，它作为一辆四门跑车是不是运动性能有所下降？詹姆斯邦德开的马丁可都是两门的。"小伙子说："有怀疑？那就试试呗。哎，你不是我们公司的吧？"销售代表说："不是，我是来你们公司谈一笔业务的。"小伙子说："哦，上车，我带你兜一圈。"

一圈风兜下来，两人就跑车的各方面性能聊了个热火朝天。然后销售代表说起自己的难处："见不到老板，不好向自己上司交代。"小伙子一听，这有何难？调转车头回到公司，带着销售代表直奔老板（老爸）办公室。老板一直盼着儿子别整天玩车，对公司的业务上点心。现在一看儿子带着人来谈工作，心中高兴，和销售代表认真交谈了一番，没过几天，这单业务就敲定了。

谈爱好，是件放松高兴的事，但谈得再高兴销售代表也要记住：对方是哥们，更是客户。有时候销售代表和客户都是足球迷，一拍即合，把工作都忘了，大谈足球。可偏偏销售代表是巴西的球迷，客户是阿根廷的粉丝。销售代表越是表达自己对巴西足球滔滔不绝的敬仰之情，客户越是反感，巴西和阿根廷在足球上可是死敌。所以销售代表一听对方是阿根廷球迷，就应该敏锐地把握谈话分寸。有共同爱好是好事，可别把好事变坏事。

销售代表最好是个"杂家"，平时就对很多事情感兴趣，这样就容易和各种客户聊起来，拉近与客户的感情。

同好的第二件事，是同做。

同好之人，要在一起聊，更要在一起做。知道对方喜欢钓鱼，那就找机会一起钓；知道对方喜欢打网球，那就找机会一起打。但还是那句话：对方是客户，我们要服务好。看看下面的对话。

某电脑公司的销售代表正和某报社编辑部徐主任谈，希望对方能购买自己的笔记本。正事谈完告一个段落，两人随意聊起来。

销售代表：徐主任，您身体很结实，一定经常运动吧？

徐主任：人过四十，身体就越来越不如以前了。如果不锻炼，精力和体力就跟不上了。

销售代表：您怎么锻炼？

徐主任：游泳，还有打网球。

销售代表：真巧，我也常打网球（假话）。您是和谁打？

徐主任：和报社同事。

销售代表：我请了一个专业的网球教练，每周陪我打一次，他不但能教我规范的技术，还能调动我来回跑动，我觉得有教练陪打的效果更好（假话）。

徐主任：哦？是吗？

销售代表：真的是这样，这个周六我约您来打一次。

要是一般性地约打一场，对方不一定来，所以要花点功夫，提高吸引力。约钓鱼也是这样，事先花些时间找个很好的钓鱼之处，水面开阔，人迹较少，两次、三次下来，就成好朋友了。

★四要关心客户。

销售代表应该尽量放下急功近利的思想，把心态放平缓些，现在没生意做没关系,抱着"先做朋友,再做生意"的宗旨和对方交往,时间一长,收获自然就来了。

首先,关心对方就要记得时时问候。

销售代表应该在拜访完客户、离开客户的一两天内,给客户发个短信,告诉客户自己离开了,谢谢他的接待,下次再去拜访他。这样做的好处有:可以让客户重新回忆起你的样子,记住你的时间会长些;客户收到后一定会心情愉快,毕竟你在惦记着他,在感谢他;证明你是素质高的人,知道礼节。

如果判断这位客户近期不会采购了,那就不必短期内再去找他,但记下此次拜访的日期,以后隔一两个月发一次问候短信。千万不要用那种群发格式,一定以对方的姓开头,要是发一二十个客户,那就写一二十条短信。至于内容,就几个字,传递一份关心即可。这样可以"钩"住客户,一直保持联系,时间一长就有了老朋友的感觉,真到了采购机会降临,这种老朋友感觉就是一个优势。逢年过节,或者寄上礼物,一盒月饼(中秋节)、一盒巧克力(六一儿童节),或者上门拜访一下。如果客户这几个月就要采购了,那么频率就要高些,每个周五的下午,必发短信:"于经理,周末愉快!(腾达印刷小沈)";同时配以其他推销动作。

其次,关心对方就要记得对方情况。

好记性不如烂笔头,记在手机备忘录里,每次和客户谈完后,回来第一时间记录当时的话题、新发现、客户特点等,下次见面前,先温习一下,然后见面时就可以接着上次话题说。

比如,"您上次说不要给狗狗天天洗澡,我回去试试,是不错,现在按您说的一周洗一次,我轻松狗也轻松。"或者,"于主任,您上次那套暗红色休闲装很衬您的皮肤,整个人英姿飒爽,今天这套咖啡色西装则是与众不同,呵呵,敢穿咖啡色西装的人,很有品哦。"不要以为男人对形象无所谓,男人一样喜欢别人说自己美,销售代表这么一夸,说不定于主任以后就把这两件衣服当作自己的保留节目了。而且于主任听销售代表这样说,心里也高兴:"哟,还记得我上次穿什么衣服?记性不错啊!"销售代表就再进一步,本子上都记着呢:"别说穿什么衣服了,我还记得上次您说现在正在看《张作霖传》。"以上这些,都会让对方感觉到销售代表是在用心和自己交往,这份感情就慢慢积累下来了。

手机备忘录里应该记上:客户家里有几口人,孩子多大,什么时候过生日,什么时候升学;客户爱喝什么酒,爱喝什么茶;客户老家在哪里,重要亲戚都在什么地方。

总之,成功销售代表的性格一定是外向的,而且人情练达,容易和别人打成一片,有人缘,能得到别人的喜爱。如果一时做不到这些,那就有意识地去做。可能开始时有些刻意,但做多了、习惯了,就自然了。

2　做客情的四种忌讳

以上说了四要,下面再说说四不要。

★一不要和客户争辩。

在销售中双方各有自己的看法很正常,销售代表说出自己的观点也很正常,但摆出观点要适可而止,销售代表一定不要和客户发生激烈的争论。一旦争论起来,即使销售代表占了上风、赢得了胜利,把客户驳得哑口无言、体无完肤、无地自容,销售代表高兴了,但生意很可能丢了。说一个《赢单九问》中的例子。

一位环保设备的销售代表和一家化工企业洽谈时,因为涉及的技术比较深,申请了自己公司的一位专家前来支援,和客户的总工好好交流一下。

销售代表到火车站接专家时，就告诉专家："那位总工技术很好，在行业里做的时间也长，您看怎么谈比较好？"专家说："这有什么，在咱们这个行业里，要说起技术让他去各大网站查查，我的文章很火的，再说我全国各地跑的地方多了，什么样的客户没见过？对付他，没问题。"销售代表一听，顿时心头一紧，因为那位总工也和他说过这样的话："专业杂志上我没少发表文章，这个行业我好歹做了二十年，闭着眼睛都知道怎么回事。"

第二天，两位技术权威相对而坐。

专家听完总工的介绍后说：你说的这个不行，我告诉你最新技术是什么。

总工说：不行？我当年是这个行业应用的技术先行者，参加过业内多次技术交流，还在全国交流会上分享过经验。

专家：今非昔比，那是多年以前的事了，你说的技术都已经落后了，目前最先进的是……

总工：流行不流行不重要，我知道什么样的最适合我们企业。

专家：你的思路有问题，不是说让产品适应你们企业，而是说，你们企业应该适应新的技术。

……

销售代表在旁边看着，心中不停叫苦，专家像是在开学术讨论会，结果是越帮越忙。

★二不要质问、命令、批评客户。

和客户沟通时，要理解并尊重对方的思想和观点，不要说："你凭什么说这个产品不好？""你有什么理由说我们公司售后服务不到位？"用这种质问的口气与客户说话，会严重伤害对方的感情和自尊心。多一些微笑，声音轻一些，语气柔和一些，态度和蔼一些，用征询协商的而不是命令的口气与客户交流。即使发现对方身上有明显的缺点，也不要尖锐地去批评，这是对客户的一种尊重，也是销售代表应该懂得的艺术。

★三不要炫耀自己。

与客户沟通谈到自己时，把自己的实力稍加抬高即可，不可自吹自擂，炫耀自己的出身学识、收入地位等。让客户享受人生赢家的感觉，而自己只是助推客户走向成功的人。

★四不要凸显性色彩。

女性销售代表在做业务时都会遇到这个问题：在性色彩上如何把握？

做销售代表就是要把产品销售出去，前面的方法，都是有助于销售的，那么凸显女性的性色彩，不也有利于销售？也许，一个打扮得美艳动人的女销售代表在面对男客户时，能为销售加分，但如果处理不好，本来想拿来加分的举动可能全部成了减分项。适当的做法是：不有意凸显性魅力，但也不抑制，在正常范围内适当展现女性美。见客户时形象干练而精神，服装中性化一些、职业化一些；举手投足大方得体，语音语调热情端庄；神采飞扬，但不艳光四射；是一个热情诚恳而又正派的女业务代表。可以和客户一起爬山、打球，但行为举止要端庄有分寸，不给男客户以任何非分之想。双方关系友好而自然，男客户对一位活泼热情、大方可爱而又自尊自强的女销售代表会多一份喜爱，有利于工作的开展。

有女销售代表担心：虽然我只想踏踏实实凭产品销售，也表现得中规中矩不招摇，但男客户会不会总想打我坏主意呢？一般来说，男客户会在女销售代表面前保持矜持、稳重，但有时也难免会开几个玩笑，女销售代表可以把握一个度，不迎合，也不摆脸色让对方下不了台，一笑而过。

不凸显性色彩，对于女销售代表和客户单位中的女性成员搞好关系也很必要。女人之间总是存在一种暗中的较量，这种较量主要是在外在的方面，比如容貌、衣服、首饰、说话声音等。一个艳光四射的女销售代表一进到客户单位，会不自沉地吸引男士的目光，同时也会引来女性鄙夷的目光。然后女销售代表和这些女性成员打交道时，会遭遇一片敌意；相反，一个内敛朴实的女销售代表则能迅速获得她们的认同感。一旦感情上认同了，其实女性之间更容易沟通。对着客户中的女经理、女部长、女会计，或者总经理夫人、部门经理夫人，女销售代表说说做业务的辛苦和劳累往往会收到奇效；女性更富于同情心，那些老总夫人听到女销售代表跑业务辛酸的经历，往往会眼圈发红。女性之间聊的话题很多，而且容易产生共鸣。如果一个女销售代表是个聊天专家，上午进客户单位谈业务，中午就在食堂吃饭，和几位大姐聊得不亦乐乎，周末还陪她们去逛街，那很快就会把她们发展成自己人。刘睿在《销售心经》中说到自己的一位同事——公司市场部经理，一位从销售代表做起的女性，看家本事就是唠唠叨叨、婆婆妈妈，一不小心就和对方聊起来没完。她的客户很多是商场女经理，这些女经理在台上时都会尽量进她的货，卸任离职后还是常来常往的好姐妹；有一次她做一个小手术，一位商场总经理夫人亲自把小米粥送到医院。

总之，虽然女销售代表是个稍有点敏感的职业，但只要女销售代表自己把握得好，不论是面对男客户还是女客户，都比男销售代表有优势。

3　礼轻情意重

我们是礼仪之邦，作为销售人自然少不了这个环节。送礼有轻有重，如果是金额很大的礼物，那就不是礼是"利"了；我们这里谈的是表达情意的"礼"，谈的是怎样才能做到礼轻情意重。

★**一个着眼点是从我出发。**

销售代表是哪里人，去见客户时可以带一些自己家乡的特产，分送客户；或者自己刚从什么地方旅游出差回来，带回一些当地特产给客户们尝尝。这是我们中国人的人情传统，表达一下心意，对方很容易接受。说到土特产，主要是食品，选购时记得要考虑一下被送者的口味。当然特产也不全是食品，比如深圳厂家的销售代表去到别的城市销售，就喜欢送小巧精致的电子产品，像登山小手电、彩色电子表、迷你电子秤、创意点烟器、剃须刀等，价值不大，也不显眼。对方会欣然接受你的诚意。

★**另一个着眼点是从客户情况出发。**

刚刚接触，针对客户情况送些小东西。如果对方是女文员，就送些巧克力等小零食；多见两次，就可以送一小瓶国外香水、一小盒进口化妆品、小皮包等，可以说明有朋友专门做这方面进口生意的。至于男生，就送zippo打火机、绿箭钥匙扣。如果对方是公司领导，送礼物就要慎重些。可以是一支金笔，你可以说："两位领导，这次来得匆忙，也没准备什么像样的礼品，这两枝万宝龙金笔，就送给两位做个纪念。"这种礼物符合客户的高管身份，既高雅，还让人说不出拒绝的理由。至于重要客户的生日更是要记在本子上，礼物可以送得别致一些。

★**再一个着眼点是从节日出发。**

人类发明节日的一大目的，就是让社会成员之间联络感情。所以每到节日，销售代表们都是很忙碌的，元旦送台历，春节送春联；要是客户有孩子，儿童节乃至圣诞节也可以考虑。

以上三个着眼点是基本套路。销售代表还应多加用心，所谓礼轻情意重，要在"情意"二字上多下功夫，要在送礼中显出对对方的关心体贴。

比如和对方接触了一两次，对对方的情况有所了解了，就可以通过实际行动来表达自己的关心。一位天津的客户老总过 50 生日，来宾们送的礼物可谓是大同小异。销售代表送来了一个精美的红木礼盒。老总打开一看，是自己五十年五十个生日那天《天津日报》第一版的复印件，老总看了不禁为之动容。原来销售代表在和老总接触中发现，他是土生土长的天津人，在多年的工作中养成了一早先看《天津日报》的习惯，这份集锦算是对他走过的人生历程的回顾。

所以说，当销售代表对客户有了真实的关怀和细致的体察，礼物会变成一份真挚的情谊就能起到直抵人心的效果。

分享一个《销售心经》中的案例。

一位服装公司的女销售代表来到郑州，希望自己的服装能打进某大商场。这家商场有一支由几十个靓丽女生组成的军乐队，她们专门到天安门国旗班培训过一个月，每天早上举行升旗仪式，这成为该商场乃至该城市的一大标志。销售代表要找商场的服装部经理，一打听，那位经理正是军乐队出身，年轻、漂亮又能干。这下销售代表发愁了，怎么才能尽快和对方交上朋友呢？夸对方"美貌年轻"？显然太俗。向对方求教？又显得自己太做作。

走在郑州大街上的销售代表心中茫然，正好路过一家书店。进去看看吧，说不定能找到灵感。果然，看到一套精装的通用电器董事长韦尔奇的经营管理全集，灵机一动，何不拿这套全集去碰碰运气？抱着这套精装书回到宾馆，先给女经理写信："没来郑州时，贵商场的知名度已是如雷贯耳，据此推断服装部经理一定是位中年人士，想不到经理竟然这么年轻，那么显然一定是有过人的智慧与勤力，送上一套韦尔奇的管理全集，希望它能助你进一步提升管理水平，像韦尔奇那样出色。"把信夹在书里，下午就去了商场。见到美女经理，简短介绍和寒暄后，递上了那本书："我们服装公司作为美资公司，十分推崇韦尔奇的管理理念，这套书送给你，做一点点参考吧。"对方接过书，非常开心，大方地收下，还连声道谢："我就喜欢看这方面的书。"

两人很快成为朋友。后来女经理告诉销售代表，收到过各种各样的礼物，但感觉不到礼物所承载的感情，唯独这本书让她印象深刻，就是那一刻似乎感觉不到那么明显的利益，而是一种朋友之间的关心。

4　帮忙

相互帮忙是朋友的题中之义，现在是销售代表主动要求和对方做朋友，那就要主动给对方帮忙。

帮忙的关键是发现对方需要，销售代表要把自己变成一台雷达，及时发现动向，然后果断行事。

如果闲聊时发现对方想瘦身，就回去多留意一下网上瘦身方面的信息，下载几条简单易行的，给她的微信发过去。如果对方有上学的孩子，那就设法介绍联系个好的补习班、兴趣班之类。如果发现对方这段时间在医院照顾一位正在生病的亲人，那就也去医院看望。

销售代表小叶到客户公司的设备科已经跑了几趟，每次去都带一些水果零食，和科长及员工都处得比较熟了；正在进展顺利时科长突然辞职了，过了两天科里一位大姐发短信给销售代表，说明天新科长上任，最好趁早来和他谈。第二天上午设备处因为新官上任，在会议室开会。新科长春风得意，滔滔不绝地讲着，直到午饭时间才结束会议。此时新科长心中有些嘀咕：上任第一天是不是有点过了，耽误大家吃饭时间。犹豫间打开会议室门，顿时闻到一股炸鸡香味，一个小伙子拎着两个肯德基全家桶站在门口。新科长疑惑地问旁边的人："我们订餐了？"那位大姐赶紧说："这是展鸿机械的小叶，经常往我们这儿跑，和大家都很熟。"新科长明白了，心说这家伙真是雪中送炭，就顺势说："那就谢谢小叶了，大家就在会议室吃吧。"小叶单给新科长买了一个套餐，以突出他的身份；在会议室一角，两人在炸鸡的香味中边吃边谈。

韩宇在《东莞不相信眼泪》中描述了一位东莞印刷厂销售代表的经历。其中谈到有一次销售代表给某客户打电话，前台接的，态度有些冷淡，也不愿把电话接进给经理；销售代表到下午六点钟再打，他知道很多前台下班要晚一些，果然还是那位前台接的电话。这时，其他员工基本都下班了，前台女生正有些孤独寂寞，销售代表和她东拉西扯地闲聊，听出她有些感冒，就安慰嘱咐了两句。第二天一早，前台刚上班，就看到桌上放着两盒感冒药和一包凉茶，旁边同事说是一个小伙子一大早送来的。前台女生和销售代表都是从外地到东莞来打工的，两人一来二去干脆成了男女朋友。

韩宇还说过一个例子。这位销售代表有一次和客户印刷车间的主任谈，谈话中间对方接一个电话，当时临近春节，主任正托人买火车票回湖北老家，票没买到。销售代表听了，立刻说："买票的事您找我呀，我有办法肯定能买到。"主任当然求之不得。三天后，主任拿到了回家的票。

万里依然在《我把一切告诉你》中说了一段北京一家报社广告业务员小雨的故事。小雨想和著名广告公司奥美联系，能让自己的报社和奥美成为合作伙伴，这里客户的关键人物是平面媒体部经理陈小姐。第一次去拜访，双方客客气气地把官话说完，便结束了。一个40岁的高级女白领，怎么去关心她呢？20岁出头的小伙子小雨真是没经验。他去请教好朋友、北京红牛代理的媒体总监红姐。红姐教他："一个上海女人跑到北京工作生活，应该还不太适应北方的文化、水土和饮食，她精神上是否感觉缺点什么？这样，你从两方面入手。一个是巧妙恭维，夸她穿着得体；另一个是在精神上关心她，时不时搞点"小恩小惠"，比如送个文艺演出门票啊，热门电影票啊，遇见风沙天气，送上一条丝巾。"

得了红姐指点，小雨依计而行。一来二往，和陈小姐成了朋友，半年后陈小姐主动提起合作事宜，最后签订合同。

成功销售代表的大部分朋友都是在销售活动中结识的，只要销售代表是重承诺、讲情义的人，加上方法得当，生意和朋友都会滚滚而来的。

总之，要做生意，先做朋友；要做买卖，先做客情。运用恰当的方式方法，在和客户的交往中赢得对方的好感，进而成为朋友，销售成为水到渠成之事。

第八章　签合同

推销的主攻线路是阐释产品、化解异议和报价谈判，同时也要做好客户单位里各色人等的工作，也要做好客情；当这些工作的火候都做得差不多了，就到了瓜熟蒂落的时候，就该签合同了。这就和踢足球一样，经过一系列传递顺利地攻到了对方门前，现在要的是临门一脚，把事敲定。本部分的重点就是说说推销中这"临门一脚"的技巧。

1　提出签约要求前应明白的几件事

★现在是不是到了提出签约要求的时候了？

签约毕竟是大事，有点男女定终身的味道。销售代表像男方，客户像女方。虽然经过前面一系列努力双方谈得不错，客户对产品看上去比较满意，但销售代表也不要指望客户自己主动提出签约要求，就像男生不要指望自己的女朋友主动提出"我能嫁给你吗？"虽然现在客户对产品很了解、很满意，但还不是百分百满意，还是会有顾虑，不能下决心；而且还希望能从销售代表那里得到更多优惠，如果自己主动提出签约，那就不会再有优惠了。这时，销售代表必须主动去推一下，提出签约要求。再者，如果在客户对产品比较了解满意的情况下，销售代表没有马上提出签约要求，而是想再等等，那就可能错失良机。客户的想法是会变化的，现在喜欢，过一段时间又可能不那么喜欢了。更何况竞争无时不在，客户这个星期对我们的产品很满意，但下个星期在竞争对手的攻势下，可能又转而喜欢他们的产品了，所以必须立即提出签约要求。踢球时球到了门前，就要果断射门；谈恋爱到了情投意合时，就要果断求婚。该提不提，就会贻误良机，正所谓：花开堪折直须折，莫待无花空折枝。

但是，也不要在时机不成熟时就提出要求。当客户对我们的产品还不是很了解、很满意、还有一些顾虑时，销售代表提出签约要求会让客户感到自己受到了硬性推销，客户会觉得"我还没想好呢，你就让我签合同？"因此，提签约要求就要把握好火候，早了晚了都不好。但是，如果实在不好把握，早提比晚提好。

当客户有了以下表现时，销售代表就可以提出签约要求。一是对方问一些具体实施性的问题，比如"你们这个月内可以把货发来吗？""你刚才说将给我们的操作人员做培训，是这样吗？""你们的付款方式是什么？"这说明客户已经在原则上认可了这个产品，想在实施上加以落实。二是客户的表情由保守审慎变为放松开朗，对销售代表也更为和善。这说明对方已经在心中接受了这个产品，不再纠结迟疑。三是当销售代表做了一番阐释，也化解了对方的异议后，对方不再提问，出现了片刻的沉默。这意味着对方大体上已经接受了这个产品，但还在迟疑，这时销售代表就可打破他的迟疑，要求签约。四是推销进行到后面，会做产品的模拟、试用，销售代表会按照客户要求去做，一旦模拟或试用成功，客户认可，销售代表就要抓住机会，马上提出成交。

以上四种情况，可以认为是客户无意中发出的成交信号；一旦看到它们，销售代表就应该放心大胆地提出签约要求。

还要说一下的是，有的销售代表到了该提签约要求时，迟疑畏缩，就像男生对认识很久、谈得很久的女朋友不敢正式求婚一样。因为有恐惧心理，害怕如果被拒绝,自己脆弱的小心脏承受不住;虽然理智上明白该求婚了,但害怕失败的心理使得他们把该做的事往后推,甚至一推再推,结果就可能断送了一段良缘。这时销售代表一定要服从理智,时候到了就大胆提出。

再一点,到了接近成交的时候销售代表就要多往客户那儿跑,最好找各种理由和借口天天守在客户那里。这就像一场90分钟的足球赛,即使你领先了85分钟,如果最后几分钟松懈的话,一样可能被翻盘。现在客户快要订货了,正是需要和销售代表敲定各种条件细节的时候,如果你不在客户面前,但竞争对手在,对手只要玩点花招你就出局了。所以销售代表在推销的前期,可以一周乃至两周去一次,但到了成交关头就要天天去。

★在交易的最后关头再给对方一点甜头。

虽然现在时机已经成熟了,但销售代表真的提出签约要求,客户还是会犹豫,毕竟是多少万金额的一笔采购,这时销售代表就要再努力一下;就像一个小伙子在小伙伴们动员下跑去玩蹦极,真站在了起跳处,最后的一步还是迈不出去,这时就需要小伙伴在后面轻推一下;不必大力,轻轻一推他就下去了。所以销售代表在最后关头要再给客户一点优惠,比如复印机销售代表最后提出送一罐名牌润滑油,机床销售代表送一箱工具,饮料销售代表给商超的供货价最后再优惠0.5个百分点,财务软件销售代表送出50小时免费培训时间。这个优惠要事先准备好,先向销售经理申请好,然后到最后一刻使出来。

有时候客户那边也知道在成交的最后时刻供应商还会有优惠,客户具体操办的中层为了自己邀功,有时会主动向销售代表要求,这时销售代表要顶住不能给。因为最后签约的事是要和客户拍板的高层谈的,把这个优惠给了中层,最后见高层时给什么呢?最后一发子弹必须留给客户的拍板者。

★没能成交怎么做。

销售代表提出来后,客户没答应,说现在还不能签约,还要再考虑考虑;这也是常事,销售代表也要有思想准备。但不要就此作罢,而要继续努力。心平气和而又诚恳地问客户为什么,为什么现在还不能签约,还有什么地方不满意,是不是我们什么地方没讲清楚,还需要我们做些什么。得到回答以后,就去做下一步,这就把销售又往前推进了一步。

如果客户主意已定,真的不想买我们的产品,问他为什么,他的回答是:"你们大山牌跑步机的功能少了些,所以还是想买大海牌的。"销售代表不甘心,把大山跑步机的可靠性和防滑性又强调了一遍,还说可以再申请优惠一个百分点,但客户主意不变,这样销售代表只好告辞。但销售代表离去时动作慢一点,收拾材料、收拾包,站起身,放好椅子,转身向门走。因为客户此时心理上可能会发生微妙变化,一个是患得患失心理会起作用,原来考虑大山牌时担心买错了,现在不买大山牌了又顾虑是否错失了好东西,毕竟大山牌的一些优点是大海牌没有的,不买大山牌真的好么?另一个是对销售代表的同情心此时会在心中泛起,这个小伙子大热天地跑了好几趟了,态度也很好,人也不错,现在只能失望而归,心中也有些不忍。在客户说不买时,这两种心理会马上出现,在客户心中发酵;两种心理相叠加,客户就有可能改变决定再考虑。所以销售代表离去时动作要慢,让这种心理多发酵一会儿;如果销售代表心中沮丧,只想着迅速离开现场,那就可能失去这最后的机会。

对于销售代表来说最不想看到的结果,当然就是没能签约;客户经过研究考虑后,选择了另一家产品。销售代表要承受住失败,控制住情绪。当年在南方某省电信局一次招标结果发布会上,一位国际著名厂商的销售代表因为没有中标,直接把手中的矿泉水泼到客户老总脸上。之前他们做了很多工作,花了很多心血,也得到了某种承诺,最后却没有中标,气愤难耐，一时失控做出如此举动。结果，随后的好些年，这家厂商的销售代表连那家电信局的门都进不去。

销售代表的心情可以理解，但选择权在客户手中，销售代表只能接受这个结果。不仅当时要保持住体面，后面也不要上诉、投诉，这样做除了自己出口气，没有任何意义，反而和客户彻底闹僵。销售代表此时要反复对自己说四个字：来日方长。这次不成不代表下次不成，留得青山在，不愁没柴烧，现在就是考验自己情商的时候。过几天，去拜访客户一次，表示对他们选择的尊重，也表示希望有机会能再为他们服务。这样，以前花在对方身上的精力、功夫并没有浪费，对方对于我们的产品和服务已经很了解，客情做得也不错，而且还对我们有了一些愧意，中国是个讲人情的社会，只要销售代表这边做到心胸开阔、仁至义尽，客户会找机会回报的。

把以上这三件事想清楚后，就可以去提出签约要求了。

2　提出签约要求的技巧

可以直截了当地提出要求："沈总，我觉得我们已经谈得差不多了，是不是可以签合同了？"这是简单明了的方式，但也是没什么技术含量的方式。聪明的小伙子，在求婚时会讲究一点技巧，比如那天有意识地把女友带到一个很有浪漫情调的餐厅，或者带到山上看星星，这种做法能提高成功率。销售代表也要动动脑筋，看看什么方式效果更好。下面我们就谈几种技巧。

★先做铺垫。

提出签约这样的重大要求之前，先做些铺垫。

可以先问问客户："您看我们已经说了蛮多了，感觉您对我们的产品还是认同的,您看看还有什么问题?"客户若还有问题,那就再解答;如果客户想了想,好像没什么问题了,那就顺势提出签约要求。

可以先归纳一下前面说的产品优点。比如,手术衣的销售代表可以向医院主管副院长这样说:"我相信,我们已经达成了不少的共识。第一,我们这款手术衣降低了医院的洗涤费用。第二,这款手术衣使用时间比较长。第三,这是一款免烫熨的手术衣,穿起来很精神。是不是这样?"把产品好处总结出来,能给客户一个整体的印象,显得购买理由很充分;然后提出签约要求。

可以制造紧张空气,让对方觉得机不可失,失不再来。现在上网买东西、定酒店房间,经常会看到后面有提示:仅剩三件;仅剩两间;剩余票数一张。是不是真的不知道,但给购买者增加了压力,增加了紧迫感,商家要的就是这个效果。本来消费者还有点犹豫,看到这种提示,害怕不马上买就没了,就立刻付款了。当然,完全有可能过了一个月、两个月,那个提示还在,那个商品永远都剩三件,也只剩三件。

所以,当销售代表觉得该说的都说了但客户还在犹豫,那就人为地制造些紧张空气。比如:"我们这款产品的原材料价格这段时间上涨有点快,所以你们要买就快点买了,再迟价格可能会上调。"或者"这款羽绒服销得很快,库存已经不多了,您要是看好了就得早点签合同进货。"或者"我们的新年优惠期就是在一月份,过了一月又会恢复到正常价格,现在已经一月十八号了,要进货的话最好抓紧了。"

一家机械公司的销售代表一直在和某汽配厂谈,汽配厂的很多工具、零配件使用时间都已经很长了,该换了,销售代表希望汽配厂买自己的产品。接触了不少次,汽配厂对产品也很满意,但负责的副总迟迟下不了决心,总想着再拖拖。现在销售代表想着要催促客户,这就得找理由,但因为双方都在一个行业里比较熟悉,接触也比较多,理由不好找。最后销售代表想起自己公司的董事会最近刚刚调整，就拿这个理由，对客户说："现在公司不是老板一个人说了算了，要由几个大股东投票做决策，现在给汽配厂的折扣以后很可能会变化，给不了那么多了，因此最好赶紧购买。"汽配厂副总也知道销售代表公司董事会调整的事，想想免得夜长梦多，就把合同签了。

★提签约要求时用上"滑式"和"选择式"组合拳。

不要很质朴地提出："我们是不是可以签合同了？"虽然前面客户已经很了解、接受我们的产品了，但现在销售代表把签合同的事正式提出来，客户还是要想想，这一想就可能出问题。不要让客户停下来想，最好能"滑"过去，让客户不经意间已经同意签合同了。

电视剧《潜伏》里，男主角和女主角，两人在地下工作中长期相处，早已情投意合，狡猾的男主角有一天在两人忙完工作后，一边收拾着发报机一边随口说道："你看我们什么时候把事办了？"女主角问："什么事啊？"男主角说："结婚时还是要摆个酒席、发个喜糖之类的，十一的时候怎么样？那时候同志们比较有空。"女主角说："可以吧。"她突然回过神来："哎，不对吧？你还没求婚呢！"男主角坏笑着说："你不是都已经答应了吗？"男主角在这里就用了"滑式"求婚法，不是正儿八经地单膝跪地求婚，而是装作认为对方已经同意了，所以直接询问对方婚事操办的具体事宜。对方一不小心，就会跟着男主角问话走，也就等于默认了结婚的事实。

这就是提出签约要求时的一个小花招："滑式"成交法。在和客户谈得差不多时，不问对方"是否可以签合同了"这样的话，而是滑过去，滑到成交后的具体事宜。比如："需要我帮您找车拉货吗？"或者"今天是礼拜五，我们下礼拜一就给你们把货发过来，好吧？"或者"我觉得你们第一次需要进20包，您看呢？"即使客户此时一闪念："我还没正式表态说成交呢。"他也会转念一想:"算了,何必驳人家面子呢,这产品不错,买就买了呗。"

滑过去以后,如果再让客人做一个选择,效果更佳。

很多北方人吃煎饼果子时,喜欢加鸡蛋,当然也有不加的,当然摊主都希望客人加。如果摊主质朴地问:"您要加鸡蛋吗?"加鸡蛋的比例大概有6成;如果摊主貌似质朴其实狡猾地问:"您要加一个蛋还是两个蛋?"虽然大部人选择加一个,可这不是重点,重点是加鸡蛋的人明显上升,由6成上升到8成、9成。现在摊主根本就不问客人要不要加,而是假装默认了客户肯定加;滑过去后,又给了客人两个选择,这样客人的注意力就一下子落在了这个选择上,更不会回想要不要加的事了;而且,貌似现在选择权在客人手中,客人握有主动权,心里舒服,岂不知不管选哪个,都已经中了摊主的套了,摊主都已经占便宜了。

在推销中,销售代表在双方谈得差不多时,就可以把滑式和选择式结合起来用,比如,"你看我们是下周一还是下周二给你们发货呢?"或者"你们是希望用这种大包装呢还是那种中包装?"或者"你们第一次是想进一百件还是一百五十件?"这种话术成功地把客户的注意力从"要不要买"转移开,从而顺利地签下了合同。

★可改变式成交法。

如果该说的话都说了,该用的法子都用了,客户还是不签约,还在犹豫,销售代表就要考虑是不是要使用可改变式成交法了,也就是双方先签合同、先付钱、先供货,但若是客户后来改主意了,交易可以改变乃至撤销。这样就在成交时给客户留了退路。

可以暂定成交。批发商见到某超市客户还在犹豫,就说:"我们的货一个月后才到,要不然这样,咱们先签一个意向合同,您这边先付五万元订金，一个月后我们正式签合同交货。但如果在这一个月内您改主意了，这个意向书是可以撤销的，我们就把那五万元订金退还给您。"这种方式使客户有了改变的机会，有了退路，患得患失的心理得到缓解；而销售代表这边虽然没能完全成交，但毕竟是向前迈进了一步，事情到这个份上，除非出现重大变故，一般来说客户也不会变了。

刘山峰在《完美对手》里写过一个案例。专做教育 PC 机的锦盛天成公司最大的资源是 10 万本电子书的版权，现在公司遭遇严重困难，员工工资已经好几个月没发了。情急之下，公司袁总找到北京一家大型电脑公司的石总，两人找了一个会所的小房间密谈。一开始石总提出整体收购锦盛天成，袁总回绝了。然后袁总提出可以出售 10 万本电子书的两年使用权，石总确实对这 10 万本书觊觎已久，两人一番讨价还价，价格定在 300 万元。但石总还在犹豫，毕竟事情来得太快，还没有仔细盘算，也没有和其他几位副总商量。谁知这时袁总已经掏出了一式两份的合同，上面金额就是 300 万元。

石总一看不禁乐了："袁总效率真是高啊，合同都打印好了？你怎么事先已经确定就是 300 万元？我要不签呢？"袁总很诚恳："没办法，我必须效率高啊，员工还等着我发工资呢。我仔细想过，300 万元贵公司肯定能接受，而且也是我们的心理底线了。我知道现在让您签字也是强人所难，这样，您先支付 100 万元作为订金，我在合同上签字盖章；您带走合同，一个月内，您随时都可以签，若认为不能签，就不签，100 万元我退还您。这样的话，也不会让石总为难，主动权还在您手里，还解决了我的燃眉之急，您看呢？"石总看着袁总，心想这个家伙出招太快，但再想想，也有道理，于是说："行，那就这样，100 万元我马上安排财务打给你，合同我带走，有问题的话，100 万元您再退给我。当然，还请您立个字据，我也好安排财务走账。"

可以试用式成交。某些产品的销售可以采用这种政策，允许客户试用。

这种方式看上去有风险，其实风险很小。就像如果客人买了宠物狗回家，说是可以试用一个月，但真带了一个月，没几个人会把狗狗带回来退货的。现在欧美的超市"无因退货"是普遍采用的政策，一直是利大于弊的。所以只要有可能，供应商就应该实施试用政策，这样销售代表在面对犹豫的客户时，就有了一件很有效果的成交武器。

3 速签合同

经过前面的千山万水、九九八十一难，终于签合同了。这时销售代表还是不能松懈，面对空门前锋都可能把球踢飞，烤鸭到了嘴边都可能飞走，所以就是到了签合同的时候了销售代表也要小心。客户患得患失的心理会使得他们有可能在最后时刻反悔，他们心里此时会有一个小小的声音在说："我买得对吗？销售代表说的那个优点真有那么好吗？另外一家产品是不是要再考虑一下？再努力一把会不会能让折扣再低一点？"如果时间一长，这个小小的声音可能会越来越大，要是最后客户向这个声音屈服了，销售代表就会像一个悲壮的登山者倒在了最后一步上。

所以签合同时，销售代表必须要做些什么，以控制住客户心底那个小小的声音，顺利完成这最后的步骤。

当客户同意签合同时，销售代表马上拿出合同以及需要填写的表格开始填写。这时客户心里的那个小声音可能开始说了，销售代表不能让它多说，所以要熟练快速地填写，同时和客户说说话，说说天气啊、孩子啊、体育啊，就像护士给病人打针时和病人说话一样，意在分散对方注意力。转眼之间，合同签好，表也填好了，双方签字。然后销售代表站起来，郑重地和客户握手，同时表示祝贺："李经理，非常高兴我们能够成交，祝贺贵公司采用了这样先进的印刷机,贵公司的营收一定会上一个台阶。"这一祝贺意在给对方一个正面的能量,从而有效遏制可能有的后悔心理。然后感谢:"李经理,我还想对您说声谢谢,如果下面需要我们做什么,我们一定会全力以赴。"这一感谢意在打消对方的担心,担心我们东西卖完了服务就不讲究了。说完这些,看看没有别的事,就可以带着合同离开了,不要久留。如果销售代表是专门从外地来到客户城市销售的,既然合同已签那就早点离开客户城市,特别当客户是私企时更要这样。私企老板一个人说了算,拿主意快,改主意也快,把自己刚做的决定改过来是常事,所以销售代表要速战速决,打赢后立刻离开现场。但是,离开时再发一个短信给客户,再次表达感谢,再次表示非常荣幸也非常开心能和对方合作,再次表示以后会竭诚服务的态度。

　　回去后为免夜长梦多,尽早安排发货,把生米煮成熟饭。在发货时,最好给客户一点意外的惊喜,比如不仅按照合同发来了一百件花生油,还送了一件橄榄油;不仅发来了印刷机,还送了一箱易损易耗零配件。送的东西都是合同上没写的,客户得了意外好处会感觉惊喜。一家装修公司内部制定了"送惊喜"的标准,如果是20万元的装修业务,客户验收时会在厨房看到免费送上的洗碗布、擦碗布、一次性纸杯、橡胶手套、洗锅刷、钢丝球、保鲜膜、垃圾桶等,在客厅看到茶几上堆满红红绿绿的大果盘,看到沙发上别致舒适的靠枕。如果是30万元的业务,就再加上一桶花生油、一袋东北大米、两盒咖啡、几瓶洋酒,外加几个高脚杯。花的钱都不多,但因为是免费的,而且正好配合居家使用,透着装修公司对客户的关心体贴,效果非常好。

4 签合同以后

★ **做好售后服务。**

现在，销售代表全部的推销工作只剩下一个环节了：售后服务。其实这时销售代表已经拿到了提成，按照合同销售代表其实已经没有很多事情可做了，销售代表可以把精力放到下一个新客户身上了。但销售代表要明白：每一个现有客户都是有下一步的潜在价值的，这一批采购的材料用完了还要采购下一批，这一次采购的设备器材软件若干年后会升级、会采购更先进的型号，这一次采购的产品用得很满意会向自己的朋友们推荐。所以销售代表应该维护乃至进一步发展和现有客户的关系，从而挖掘出这些潜在价值；而且做生不如做熟，这个道理对销售代表、对现有客户都是一样的，销售代表从头开始开发一个新客户所要花费的力气，是维护发展一个现有客户所要花费力气的十倍。因此，在一个客户终于被搞定成为了一个现有客户那一刻，他就在销售代表眼中摇身一变，化身为一名优质新客户、一个优质潜力股；销售代表必须要从这个角度来看待这位客户，从而善待他、下力气把握他。

要保证客户顺利地使用产品、完整地享受到该项目的收益。如果合同上写的某一种或若干种性能在使用中没能兑现，客户一定很不高兴，如果和供应商交涉了仍没得到恰当解决，很可能就再没生意做了。虽然原则上售后服务这一块不归销售代表管了，但销售代表要主动介入；如果说签下客户是生孩子的话，那么售后服务就是养孩子，销售代表要自觉地又管生又管养。安装调试时工程师技术员在忙，销售代表也要到现场，有什么事及时协调帮忙；正式使用后出了什么问题，销售代表也要介入处理，有些销售代表是只要现有客户在使用中出现问题，哪怕是节假日，哪怕披星戴月，也会赶去处理，和客户的关系就是这样做起来的。时间一长，客户对销售代表就非常的信任了，再有生意做的话，还是会找他。

　　《我把一切告诉你之一》有一个案例。报社广告业务员小雨虽然从不靠低价折扣取胜，但凭借给客户提供的贴心增值服务，他的业务量是最高的。要给广告客户提供好服务，就要和报社的编辑记者们搞好关系。有一次某百货公司店庆广告指定刊登在二版新闻版，前一天晚上小雨坚守编辑部，要看到广告版面排出来的效果才放心。结果看到二版新闻头条是警方破获杀人越货团伙的报道，小雨当场表示坚决不行，马上找到新闻部主编协调："王主编，客户是店庆广告，多喜庆，和重大负面新闻放到一起很不协调！读者看完破案报道再看喜庆广告，情绪衔接不起来，会严重影响广告效果，客户要是不满意，后面的广告单子就不好说了。您看，能不能把采访高考状元的新闻稿调到头条来？"编辑部从来没有广告业务员在这儿指手画脚，小雨这是开了先河，编辑们其实心里很不高兴。但由于小雨平时注意和编辑们搞好关系，编辑还真给调整了头条。第二天报纸出来后，小雨下午就跑到客户那里表功。客户听在耳中、看在眼里，对小雨平添了几份信任。所以小雨能在同行中脱颖而出绝非偶然，售后工作费心费力。如果后面客户没有得到良好服务，销售代表也不能得到良好回报。

　　不仅是让客户得到合同规定的完整服务，还要把客户看成好朋友、好伙伴，在双方有了合作关系后，多付出一些，多帮助客户。比如某医疗器械公司在这个城市有了二十几个现有客户，那就可以搞一次免费培训，让那些医生护士能更好地使用这些器械。如果和某家医院洽谈时对方的项目负责人是外科主任，双方谈得很好这位主任拍板采购了我们的医疗器械。后来这位外科主任被另一家民营医院高价挖走，但到了新医院开展工作时碰到很多问题，那么我们医疗器械公司就要助他一臂之力，动用我们在医疗界的各种资源，帮助他在新单位打开局面。一来二去，这位外科主任会成为我们的铁杆客户。

另外，要和现有客户保持联系，进行感情联络。客户开始使用产品时，销售代表要过去一下表示祝贺；去不了也要发一个邮件，看一个模版：

尊敬的吴主任：您好！

知悉贵医院从我公司采购的CT检测仪已经投入使用，特向贵医院表示祝贺！非常高兴有幸能和吴主任及其他几位医生相识，我现在外地，希望不久能再次见面；使用中如需要本人帮助，敬请随时通知一声。

请再次接受祝贺！祝一切顺利！

天仪公司小游

还有，逢年过节问候一声，客户过生日或是有喜事，比如升职或乔迁之类，知道后马上发个短信或过去恭喜一下。这些事情都要定期做，时间长了，感情就培养出来了。但是客户一多，销售代表就会搞不清楚。所以销售代表还是要准备两个精装本子。一个记正在做的客户，一个客户留一个整页，把每次进展简要记下。另一个记已经成交的客户，包括负责人的手机、座机、生日、籍贯、爱好、签单记录、回访情况、下一步业务方向等。记在手机上则记得备份。

销售代表若是在销售以后能保证客户得到完整的服务，而且还能给客户提供一些其他的帮助，和客户一直保持感情联络，时间一长客户对我们的产品服务会非常满意，双方关系会越来越好，这时竞争对手即使想挖墙角横插一杠都无从下手。

★ 在和现有客户建立了良好牢固的关系后，销售代表就要看看再能从他们身上得到些什么，销售代表会发现他们的能量超乎自己的想象。

如果销售代表推销的是易耗品，客户采购了这一批材料后，隔一段时间用完了就需要再行采购，在这里销售代表就要把握客户的消耗采购节奏，在下一次采购的时间将到时就要去拜访客户，要让客户一直持续地购买我们的产品。这个道理看上去简单，但有的销售代表一忙起来，只顾着向前开拓新客户，就把老客户的事忘了，下一次采购的时间到了也忘了联系，那就不怪竞争对手趁虚而入了。

如果销售代表向某客户成功销售了某产品，那么在以后的日子里销售代表就应该留意该客户是否还需要其他相关产品。比如一位家电销售代表向某公司负责后勤的副总成功销售了空调机，那么在以后和对方交往的日子里就应注意了解对方是否还要采购加湿器，还有微波炉、冰箱等，现在的公司越来越重视员工福利，办公室里的设施添置得越来越齐全，这些都是家电销售代表的机会。当然，要把握住这样的机会，销售代表就要与现有客户们经常保持联系，自己公司出了什么新产品，如果感觉对方可能需要，就介绍一下。

如果销售代表销售的是升级换代较快的产品，那么过个两三年销售代表就要开始向那位客户耳边吹风了，开始说一些新款产品性能如何优越的话。然后到时机成熟时，就可以动员客户对现有产品升级换代了；当然，还是买我们牌子的。

如果销售代表需要开拓新客户，那么也可以从现有客户入手，请他们帮自己介绍。我们的产品服务现有客户都已体会到，应该是很放心了，而且双方关系相处得很好，所以帮忙介绍一些朋友过来也是顺理成章的事。现有客户可以给自己朋友打电话介绍，也可以在某次聚餐或活动上当面介绍。由现有客户向自己的朋友伙伴介绍，当然比由销售代表从头开始效果强得多；从无到有获得一个全新客户的信任是一个艰难的过程，如果在中间有现有客户做可信度的"背书"，过程会短很多。当然如果现有客户成功地介绍了几位新客户来，销售代表不要忘记表达一下感谢。不少公司专门制订了奖励制度，鼓励现有客户介绍新客户。如果说其他销售方式像摘苹果，一个一个地摘；这种方式则像摘葡萄，一串一串地摘。

除了现有客户介绍朋友，销售代表还应从现有客户那里获得灵感，以确定下一步进攻的重点。比如一位推销新型打卡机的销售代表，销售了三个月，成功做成了七单业务。这时他就应该琢磨一下这七个客户，发现七个里面有五个是银行客户，银行方面成功率最高，那么下一步就把其他行业的客户放一放，全力以赴先做银行的客户。这个方法叫做"同类客户推移法"，往往效果不错。那么为什么这方面客户成功可能性大？一定是有原因的，比如是因为这两年几大银行都在忙着上市，要加强内部管理，所以要买性能更好的打卡机。不管原因如何，销售代表只要从现有客户身上发现、推断出了机会，就要去把握住。

销售代表可以从以上四点挖掘现有客户的潜力；无论如何，相比起开发全新客户，做老客户的工作容易得多。把握住这一点，虽然初期的开拓阶段比较辛苦，但经过一段时间的努力，随着手上的客户逐渐增多，手中客户群的雪球越滚越大，销售代表会做得越来越轻松自如。

参考文献

〔1〕李先国．现代推销理论与务实〔M〕．北京：首都经济贸易大学出版社，2008．

〔2〕吴健安．现代推销理论与技巧〔M〕．第2版．北京：高等教育出版社，2008．

〔3〕罗纳德B，马克斯．人员推销〔M〕．郭毅，译．北京：中国人民大学出版社，2002．

〔4〕南希J，斯蒂芬斯．成功的销售实践〔M〕．张金成，译．北京：电子工业出版社，2002．

〔5〕崔建中．通关〔M〕．北京：北京大学出版社，2012．

〔6〕崔建中．纵横〔M〕．北京：新世界出版社，2010．

〔7〕夏凯．孤独求buy〔M〕．北京：北京大学出版社，2012．

〔8〕夏凯，田俊国．赢单九问〔M〕．鹭江：鹭江出版社，2010．

〔9〕刘睿．销售心经〔M〕．哈尔滨：哈尔滨出版社，2005．

〔10〕倪建伟．销售就是要搞定人〔M〕．北京：时代文艺出版社，2011．

〔11〕韩宇．东莞不相信眼泪〔M〕．广西：广西人民出版社，2007．

〔12〕韩宇．亿万订单〔M〕．北京：中国友谊出版社，2010．

〔13〕老晖．思科九年〔M〕．上海：上海锦绣文章出版社，2009．

[14] 张志，萧秋水，宋利．超越对手——大项目售前售后的30种实战技巧[M]．北京：机械工业出版社，2011．

[15] 王云．从谷底到山巅[M]．北京：印刷工业出版社，2012．

[16] 万里依然．我把一切告诉你之一[M]．北京：中信出版社，2012．

[17] 王强．圈子圈套三部曲[M]．北京：清华大学出版社，2010．

[18] 付遥．八种武器——大客户销售策略[M]．北京：中华工商联合出版社，2002．

[19] 付遥．输赢[M]．北京：中国商业出版社，2012．

[20] 孙力．胜算[M]．陕西：陕西师范大学出版社，2009．

[21] 刘山峰．完美对手[M]．北京：时代文艺出版社，2009．

[22] 孟昭春．成交高于一切[M]．第2版．北京：机械工业出版社，2011．

[23] 郑涛．破冰[M]．北京：北方文艺出版社，2007．

[24] 洪武散人．夺标——职场五年实录[M]．广西：广西人民出版社，2009．